一本书掌握
说话艺术

姚迪雷 编著

THE ART OF SPEAKING

光明日报出版社

图书在版编目（CIP）数据

一本书掌握说话艺术 / 姚迪雷编著 . -- 北京：光明日报出版社，2011.6
（2025.1 重印）

ISBN 978-7-5112-1148-4

Ⅰ . ①一… Ⅱ . ①姚… Ⅲ . ①语言艺术—通俗读物 Ⅳ . ① H019-49

中国国家版本馆 CIP 数据核字 (2011) 第 066675 号

一本书掌握说话艺术

YIBENSHU ZHANGWO SHUOHUA YISHU

编　　著：姚迪雷

责任编辑：温　梦　　　　　　　　　责任校对：一　苇
封面设计：玥婷设计　　　　　　　　封面印制：曹　净

出版发行：光明日报出版社

地　　址：北京市西城区永安路 106 号，100050

电　　话：010-63169890（咨询），010-63131930（邮购）

传　　真：010-63131930

网　　址：http://book.gmw.cn

E - mail：gmrbcbs@gmw.cn

法律顾问：北京市兰台律师事务所龚柳方律师

印　　刷：三河市嵩川印刷有限公司

装　　订：三河市嵩川印刷有限公司

本书如有破损、缺页、装订错误，请与本社联系调换，电话：010-63131930

开　　本：170mm×240mm

字　　数：220 千字　　　　　　　　印　　张：14

版　　次：2011 年 6 月第 1 版　　　　印　　次：2025 年 1 月第 4 次印刷

书　　号：ISBN 978-7-5112-1148-4

定　　价：45.00 元

PREFACE

前 言

古希腊著名的寓言大师伊索年轻时曾经给一个贵族当奴仆。有一天，这个贵族想设宴，宴请城中的达官贵人。于是传下话去，让伊索准备最好的酒席。伊索听后就四处收集各种动物的舌头，办了一个舌宴。用餐时，贵族大吃一惊，忙问伊索是怎么一回事。伊索笑着说："我尊敬的主人，你吩咐我为这些高贵的客人做最好的菜，而舌头是引导各种学问的关键，对于这些名士、贵族们来说，舌宴不是最好的菜吗？"客人们听后，一个个都发出由衷的赞叹和笑声。这个贵族也对伊索的机智表示赞许，又吩咐他次日再准备一次最差的酒宴，伊索应声赶紧下去准备。谁知次日开席上菜时仍是舌头。这次这个贵族勃然大怒，伊索却不慌不忙地说："难道一切坏事不是从人口中说出来的吗？舌头既是最好的，也是最坏的东西啊！"贵族听后无话可说。

虽然这只是个古希腊流传下来的故事，却说明了一个很重要的道理：说话艺术对于人们有着无可估量的作用。古人云："一言之辩，重于九鼎之宝；三寸之舌，强于百万之师。"春秋时期，毛遂自荐，口若悬河，迫使楚王歃血为盟；战国时期，苏秦、张仪游说诸侯，身挂六国相印，合纵抗秦，联盟最终形成；烛之武连夜拜见秦穆公，求其退兵，救郑国于危亡之际；三国时期，诸葛亮说服孙权联蜀抗曹，三国遂成鼎力之势；新中国成立后，周恩来奔走各国，谈笑风生，树立起中国外交新形象；第二次世界大战时，罗斯福、丘吉尔慷慨陈词，雄辩滔滔，唤起千万民众与法西斯决一死战的信心，从而扭转了世界局势……这些伟大历史人物所发挥的巨大作用，都与"说话艺术"紧密相连。

语言是思想的外壳，是必不可少的交际工具。我们要在这个社会中立足、发展，就不能离开语言。你是否曾有这样的经历：你被邀请在众人面

1

前发言，可是大脑却一片空白；在公司的重要会议上，别人能侃侃而谈，你却在座位上一言不发，加薪与升职的机会与你擦肩而过；你是领导，在与下属沟通时，每次都觉得远未达到理想的效果……这些情形并非罕见，据调查显示：有大约42%的人对当众讲话感到恐惧。但是，在这个充满激烈竞争和挑战的时代，会说话是实现人生卓越目标的一种最有效的资本。美国成功学大师卡耐基曾说过："当今社会，一个人的成功，仅仅有15%取决于技术和知识，而其余85%则取决于说话艺术。"现在越来越多的人把会说话当作一种制胜的武器，并提出"知识就是力量，口才就是资本"的新理念。

说话艺术涉及的范围非常广，本书从独特的视角切入，旨在于广博中取其实用者，给脉络、明精髓、重实践，希望能够开卷有益。全书共有7章，生动系统地阐述了为什么要掌握说话艺术、说话艺术是怎样炼成的、说话的尺度、如何把话说到对方心窝里、怎样说好难说的话、在不同场景下说什么话、对不同的人怎么说话等。书中结合鲜明生动的事例，向读者介绍了许多精妙实用的说话诀窍。

本书事例性、实用性强，读毕此书，你一定能从中学到许多说话的技巧，并成为掌握口才艺术的人，帮你迈向成功。"心实不能仕途，言拙难会经济"，希望本书对提高你的说话能力有所帮助，让你拥有自己光彩夺目的人生大舞台！

CONTENTS

目 录

第三章 掌握说话艺术，嘴上会带把尺

第四章 掌握说话艺术，能把话说到对方心窝里

第六章 掌握说话艺术，知道在什么场景下说什么话

第七章 掌握说话艺术，懂得对什么人说什么话

第一章

成功属于掌握说话艺术的人

　　古人云:"一言而兴邦,一言而丧邦。"可见于治国者,口才的力量事关安邦保国、大业成败。

　　于普通人,成功也属于最会说话的人,会说话能创造美好生活。

第一节 会说话，得天下

● 口才的力量使邦业兴盛

自从人类社会诞生以来，政治活动便没有停止过，以至于古今中外的政治家历来都把当众讲话看作是掀起政治风云的一把利器。

在我国，很早的时候就有这方面的文字记述。《周易·系辞上》说："子曰'乱之所生也，则言语以为阶。'"认为制造混乱可以借言语为媒介。大思想家孔子明确指出，"一言而兴邦"、"一言而丧邦"。刘向说得更具体："百行之本，一言也。一言而适，可以却敌；一言而得，可以保国。"刘向把说话当成百行之本，这是非常有见地的。

古今中外，成功的政治家无不把高超的口才艺术作为实现政治目标的第一手段。他们机敏睿智、伶牙俐齿、巧发奇中、一言九鼎，为维护国家和民族的利益，或游说，或劝谏，或答辩，或谈判，或演讲，或辩论，都是以言论导航了政治风云，左右了形势的变化。

战国时，秦国吞并了韩、魏这两个大国之后，企图染指小国安陵。安陵君派唐雎到秦国交涉，同专横、凶残、贪婪的秦王进行了一场殊死的唇争舌战。痛斥了秦王的无理要求，打击了秦王的嚣张气焰，维护了国家的领土和主权。汉末，诸葛亮与刘备的"隆中对"，一席话将天下三分，奠

定了蜀汉的基业；后又巧言游说江东，劝说孙权与刘备联手共同抗击强大的曹操。

这些人物故事都是我们耳熟能详的，还有一些善于运用口才的人，虽然我们有些陌生，但不可否认的是，正是由于他们的言论，促进了一个全新时代的来临。

例如，第二次世界大战初期，纳粹德军依靠"闪电战"占据了苏联大片领土后。为彻底打败苏联，德军于1941年10月下旬集中11个师的优势兵力，从西、北、南三面围攻苏联首都莫斯科，扬言要在10日内攻克。临危不惧的莫斯科军民奋勇抵抗，在11月7日这天，照例在红场隆重举行"十月革命"庆祝活动。苏军最高统帅斯大林以大无畏的雄伟气魄，在红场的列宁陵墓上，检阅红军队伍，并发表了气壮山河、振奋人心的演说，极大地鼓舞了军民的斗志，坚定了誓死保卫首都的决心。结果，历时月余，希特勒先后撤换了30多位高级指挥官，甚至自任总司令。结果不仅未能突破莫斯科防线，反而在损失50多万人后，后退300千米。纳粹德军"不可战胜"的神话从此被打破。

好的口才有利于整个国家的政治和经济发展，有着安邦定国的作用，能给整个国家带来希望。

● 不费一兵一卒便可屈人之兵

在军事战争中，双方力量的强弱当然是不可忽视的条件，但在很多情况下，并非强大的一方就能取胜。善于用兵的将帅，是可以兵不血刃就能取胜的，孙子把这种行为称为"谋攻"，即所谓"上兵伐谋"。

孙子说："故善用兵者，屈人之兵而非战也，拔人之城而非攻也，毁人之国而非久也，必以全争于天下，故兵不顿而利可全，此谋攻之法也。"他认为，不战而使敌人屈服，这是最高超的谋略。而高超的说话水平正可以不战而屈人之兵。正如刘古人云说："一人之辩，重于九鼎之宝；三寸之舌，强于百万之师。"

中国历史上最善于用"嘴"打仗的人物莫过于诸葛亮了。《三国演义》

中有许多关于他以口才制胜的故事,其中以第九十三回"武乡侯骂死王朗"最为典型。

故事说的是魏国的大都督曹真率领 20 万人马来阻挡蜀军的进攻,王朗是他的军师。这王朗是位 76 岁的老人,本来是汉朝的老臣,后来投靠了曹操,担任司徒之职。

在完成军事部署以后,曹真与副将郭淮、军师王朗商议退兵之策。善于雄辩的王朗十分自信地说:"明日可先摆好阵势,让老夫出马,凭老夫三寸之舌,一定教诸葛亮拱手来降,让蜀兵不战自退。"

两位将军一听,连声说好,若能兵不血刃,令诸葛亮投降,自然是上策。

第二日,魏蜀两军,各自摆开了阵势,司徒王朗派人到蜀军阵前大叫:"请对阵主将答话!"

不一会儿,蜀军门旗闪开,一辆四轮车缓缓驶出。车上端坐着羽扇纶巾的诸葛亮。他往对面一望,只见对方大旗上方写的是王朗的姓名,一位白发老者骑在一匹骏马之上。

诸葛亮打量了对方一番,心想此人就是王朗了。他一定是来阵前劝降的,我绝不能让他得逞。主意打定后,就马上派人去对方阵前传话:"大汉丞相要与司徒对话。"

来人传话刚完,只见那白发老者纵马而出。诸葛亮一见,忙在车中拱了拱手,王朗也在马上做了个答礼的动作。接着王朗大声说道:"久闻先生大名,今日有幸相见。先生既知天命,识时务,何故兴这无名之兵?"

诸葛亮一听,马上用洪亮的声音答道:"吾奉皇帝之诏讨伐叛逆之贼,怎么说出师无名呢?"

王朗接着说:"天数有变,政权更迭,天下的权力归于有德之人,这是规律。自汉末以来,黄巾起义,军阀混战,天下大乱,正是靠我太祖皇帝曹孟德才统一北方,万民归附,这是天命所归啊!到了世祖曹丕的时候,顺应天意,接受禅让,这也是上合天意、下顺民心的事,先生理应明白。先生本为人杰,才华横溢,理想远大,曾自比管仲、乐毅,为什么偏偏要干逆天理、背人情的事呢?岂不闻古人云'顺天者昌,逆天者亡'么?今我大魏雄兵百万，良将千员，谁能阻挡？愿先生放下干戈，以礼来降，则不失侯爵的爵位，于国于己，难道不好吗？"王朗侃侃而谈，自认为说得铿锵有力。

王朗说完，诸葛亮却哈哈大笑起来，接着答道："我本以为汉朝老臣必有高明的议论，哪想到只是这些陈词滥调呢？现在我有一言，请诸君静听。汉末以来，宦官酿祸，国乱岁凶，四方不安。黄巾之后，战乱不断，朝堂之上，豺狼当道，奴颜婢膝之徒纷纷掌权，以致社稷丘墟，生灵涂炭。这不是天祸，而是人乱！"

谈到这儿，诸葛亮停了一停，接着话锋一转说道："对于你，我早就了解，早年举孝廉、后入朝当官，照理应匡复汉室、兴刘氏，为什么偏偏要反助叛逆，同谋篡位呢？你罪恶深重，天地不容啊！所幸的是天意不绝汉朝，我昭烈皇帝刘备统率四川。今日，我奉少主之命兴兵讨贼。你既是不忠不义之臣，自应潜身缩首，苟延残喘，哪有资格在此妄谈天命呢？"诸葛亮越说越激动，越说越气愤，声音更洪亮，语调更激昂。这时，他大喝道："我看你这白发老贼，命无多日，很快就要奔赴黄泉，不知你有何面目去见列祖列宗啊！赶快给我退下，让逆贼与我来决战吧！"

王朗本来就年老，听到这番痛斥，特别是揭了他的老底，心里十分气恼。他气塞胸膛，突然大叫一声，摔死在马下。曹军受挫，不战而屈。后有人诗赞曰："兵马出西秦，雄可敌万人。轻摇三寸舌，骂死老奸臣。"

春秋时期，战争频繁，因此时常会有大敌当前、兵临城下之时的紧张谈判。那些仅凭三寸不烂之舌而屈人之兵的精彩谈判层出不穷，使得后人大为叹服。

一次秦国与晋国联合起来攻打郑国，秦晋联军包围了郑国国都，郑国处在危亡之中。

在这样严峻的形势下，郑国国君只好派老臣烛之武到秦国去，想通过谈判劝说秦军退兵，以便孤立晋国，挽救郑国的危亡。

国都被包围，烛之武无法出去，只好等到黑夜，再想办法。

到了深夜，万籁俱寂，四周漆黑一片，郑文公亲自把烛之武送到城上，

让他坐在一个筐里，用绳子系在筐上，悄悄地将筐放到城下。

烛之武趁着黑夜，终于秘密地来到了秦军中，拜见了秦穆公。

烛之武对穆公说："大王，我虽是郑国人，今天却是冒着危险为秦国的利益而来的。"

穆公听了，冷笑一声说："哟，你还为我们着想呀？"

烛之武显得极为诚恳地说："你们两国围攻我们，我们知道郑国就要灭亡了。不过，请您想一想，灭亡了我们，对您的秦国会有什么好处呢？郑国在晋国的东边，贵国又在晋国的西边，相距千里，中间隔着晋国。我们灭亡之后，贵国能隔着晋国来管理我们的国土吗？所以这国土恐怕只会落入晋国人的手中。贵国与晋国相邻，实力也相当。晋国再并吞了郑国，国力就超过贵国了啊！替别人出力去兼并土地，而削弱了自己的力量，聪明人能这么干吗？大王可要三思啊！"

烛之武说到这里，停了一下，见秦穆公眉头一动，就猜到了他的心思，便接着说："晋国现今很想称霸啊！他灭亡了我国会满足吗？一旦时机成熟，再向西扩展，难道就不会侵扰贵国吗？"

这时，秦穆公点了点头说："先生说的，还有些道理。"

烛之武见穆公已初步接受，便继续说道："如果能让郑国继续存在，对您并无坏处啊！让我们作为东道主，招待贵国过往的使者和军队，供应他们的一切，不也很好吗！"

秦穆公听了，又点了点头，但没有作声。

烛之武见时机已经成熟，便进一步说道："况且，您对晋惠公也有过恩惠呀，他也答应要用瑕、焦两座城市来报答您，但结果又如何呢？他早晨刚刚回国，晚上就修筑工事来防备贵国，哪讲信誉呢？所以，绝不要做那帮助晋国而削弱自己的事情哟！大王英明，想必是能考虑到的。"

烛之武的一番话，使秦穆公认真思考了一番，他派人私下里与郑国签订了盟约，单方面撤军。这一下，秦晋联军瓦解了。晋国一看灭亡郑国已经没有希望，便也将军队撤退了。没有发一枪一弹，郑国国都的包围就被解除了。

● 巧言能救性命

好口才不仅能够建功立业，也能拯救自己或别人的性命于危险之中。有很多会说话的人就是凭借自己的巧言善辩，使自己在危险时刻化险为夷。

战国时期，齐国有一个叫张丑的大臣，被派到燕国做人质。有一次，张丑企图逃离燕国，但是在边境上又被燕国的军队逮住了。如此一来，可以说是死定了。

但是张丑很快就想了一个法子，吓唬他们说：

"有人密告燕王，说我私藏了珠宝，虽然那些珠宝早已丢失，但燕王始终不信，所以，他才非得杀死我不可。现在落到你们的手里，别无他法可以活命，我就只好对燕王说你们夺走、吞并了珠宝，看燕王不把你们挖肝掏心才怪。况且，燕王早已昏庸无道，你再怎么跟他谈利害关系，他也是听不进去的。我固然活不成，但你们也休想活命。"

士兵头目听张丑这么一说反倒吓坏了，只好放走了张丑。因此，张丑安然回到了齐国。

张丑之所以能顺利回国，全在于他能抓住士兵苟且安命的心理弱点，进行巧言说服。

众所周知，清乾隆年间的纪晓岚是以口才出众而闻名天下的。他博览群书、诙谐机智，很受乾隆皇帝的赏识，常在皇帝的身边。

有一次，乾隆皇帝与纪晓岚在后花园闲谈，乾隆有意捉弄一下他，就故意问纪晓岚道："爱卿，你说'忠孝'二字应当如何解释呢？"

纪晓岚说："按一般说法是，君要臣死，臣不得不死，这就是忠；父要子亡，子不得不亡，这就是孝。"

乾隆听完，诡秘地笑了一下，夸赞纪晓岚说："你说得真不错啊！"停了一会儿，接着问道："那你是不是忠臣呢？"

纪晓岚说："当然是忠臣啦！"

乾隆说："那很好，既是忠臣，如果我今天要你去死，你就应当尽忠呀！"说完，两眼故意盯住纪晓岚不放。

纪晓岚从容答道："皇上真要臣死，臣万死不辞！"

乾隆一听，哈哈地笑了起来，说："不要你万死啊，只要你死一次就足够了！"接着乾隆故意问道："那么，你打算怎么个死法呢？"

"很简单，微臣打算投河自尽，葬身鱼腹。"纪晓岚很认真地回答。

"那好吧，你可以退下了。"乾隆想："纪晓岚呀纪晓岚，我看你如何办？"

纪晓岚真的退下去了。过了片刻，他又回到乾隆的面前。

见纪晓岚又回来了，乾隆就故意板着脸责问道："你不是要尽忠吗？怎么又回来了呢？"

这时，纪晓岚故意装出极严肃的神情，回答道："报告皇上，我本是要投入江中，表明自己是忠于皇上的，但刚走到江边，正要投水之时，突然从江里走出来古代大诗人屈原，他一再制止我，不让我投江。"

乾隆问："岂有此理，屈原怎么会不让你投江呢？"

纪晓岚说："皇上，屈大夫劝我千万不要投江。他对我讲：'你要投江自尽，那是极大的错误啊！想当年，楚怀王昏庸无道，不听劝谏，我才不得已去投汨罗江的呀！如今是太平盛世，皇上又如此圣明，你怎么能投江呢？你真要投江，也得先问问皇上，看他是不是像楚怀王那样。如果真是一个昏君，那么你再来投江也不迟呀！'我觉得屈大夫讲得很有道理，所以特回来向您请示。"

乾隆听罢，哈哈大笑起来，一边笑，一边说："好个如簧之舌呀，朕就免你一死吧。"

上述两例中的张丑和纪晓岚都不是坏人，他们都巧言挽救了自己的性命也是众望所归。可是有的人犯下弥天大罪，十足的该杀，可是他们居然也能巧舌如簧，逃脱罪责，这就不得不令人称奇。

1671年，英王查理二世的皇冠被窃，举世震惊。以布莱特为首的五人犯罪集团很快被警方捕获，并全部判处死刑。

正当人们翘首期待目睹罪犯的下场时，事态的发展却急转直下。

原来，英王查理二世对这些目无法纪的窃贼颇感兴趣，决定亲自审问他们。布莱特这伙罪犯以超凡的气度、博欢的美言和伶俐得体的答辩，深得英王好感，一喜之下，众罪犯不仅免于一死，而且还得到了一笔数目可观的赏金。

布莱特的辩词可谓精彩至极，极尽的吹捧博欢，显示出十足的无赖本色，却又充满了胆略和才气。这里摘录审讯对话的精彩片段：

查理二世："你还两次企图刺杀奥蒙德公爵，是吗？"

布莱特："陛下，我只是想看看他是否配得上您赐给他的那个高位。要是他轻而易举地被我打发掉，陛下就能挑选更适合的人来接替。"

英王沉吟片刻，仔细打量这位囚徒，觉得他不仅胆子大，而且伶牙俐齿。于是他又问："你胆子越来越大，这回竟偷我的皇冠来了！"

布莱特："我知道这个举动太狂妄，可是我只能以此来提醒陛下关心一下一个生活无着的老兵。"

英王："你又不是我的部下，要我关心你什么？"

布莱特："我的陛下，我从来不曾对抗过您。过去英国人之间兵戎相见，很是不幸，但现在天下太平，所有人都是您的臣民，我当然是您的部下。"

英王觉得他简直是个无赖，但仍问道："你自己说，该怎么处罚你？"

布莱特："从法律角度讲，我们应该被判处死刑。但是，我们五人死后，每人至少有两个亲属会为此流泪并诅咒您。从陛下您的角度看，多十个人赞美您总比多十个人流泪诅咒您好得多。"

查理二世万万没料到他会如此回答，不由自主地点点头，又问："你觉得自己是勇士还是懦夫？"

布莱特："陛下，自从您的通缉令下过以后，我没有藏身之地，不得已在家乡搞了一次假出殡，希望警方误以为我已死而不再追捕，这当然不是勇士的行为。所以，在别人眼里我也许是个勇士，可是，在您——陛下——真正的勇士面前我只是个懦夫而已。"

查理二世对此番对话非常欣赏，居然破天荒下令免除布莱特死刑。

举出这个例子，不是对罪犯逃脱罪责的赞扬，只是要说明会说话是一种多么大的资本。

第二节 成功属于最会说话的人

● 会说话是成功事业的催化剂

美国人类行为科学研究者汤姆士曾指出："说话的能力是成名的捷径。它能使人显赫而出众。能言善辩的人，往往受人尊敬，受人爱戴，得人拥护。它使一个人的才学充分拓展，熠熠生辉，事半功倍，业绩卓著。"他甚至断言："发生在成功人物身上的奇迹，一半是由口才创造的。"

富兰克林说："说话和事业的进步有很大的关系，你如出言不慎，你如跟别人争辩，那么你将不可能获得别人的同情、别人的合作、别人的动力。"这是千真万确的，一项事业的成败，常会在一次谈话中获得效果。无数成功者的事实证明，敢于当众讲话，善于说话是成功事业的催化剂，它直接影响事业的成败。这种例子，古今中外，比比皆是。

"腰杆子"一向挺直的刘罗锅就是一个例子，他不仅能力强、有原则，更重要的是沟通起来很机灵，让乾隆皇帝不宠爱他都不行。

有一回宰相刘墉陪乾隆皇帝聊天，乾隆很感慨地说："唉！时光过得真快，朕就快成了老人家喽！"

刘墉看看皇帝一脸的感伤，于是说："皇上您还年轻哩。"

"我今年45岁，属马的，不年轻啦。"乾隆摇摇头，接着看了一眼刘墉问：

"你今年多大岁数啦?"

刘墉毕恭毕敬地回答:"回皇上,我今年45岁,是属驴的。"

乾隆听了觉得很奇怪,于是就问:"我45岁属马,你45岁怎么会属驴呢?"

"回皇上,皇上属了马,为臣怎敢也属马呢?只好属驴喽!"刘墉似笑非笑地回答。

"好个伶牙俐齿的刘罗锅!"皇上拊掌大笑,一脸的阴霾尽去。

在现代职场中,会说话对事业成功更是起着举足轻重的作用。

1983年元旦,英国女王给多年担任首相撒切尔夫人顾问的戈登·里斯授以爵位。其主要功绩是:有效地提高了撒切尔夫人的演说能力和应答记者提问的能力;为撒切尔夫人撰写了深得人心的演讲稿……一句话,他为英国塑造了一位崭新的"风姿绰约、雍容而不过度华贵、谈吐优雅和待人亲切自然的女首相形象"。在发达国家里,当前无不把当众说话水平作为衡量优秀人才的重要尺度,每个公司、企业招聘各类人才,都要进行口试。

在日本,一些大公司进行招聘员工的面试时,专门就说话能力规定了若干不予录用的条文。其中有:

应聘者声若蚊子者,不予录用;

说话没有抑扬顿挫者,不予录用;

交谈时,不得要领者,不予录用;

交谈时,不能干脆利落地回答问题者,不予录用;

说话无生气者,不予录用;

说话颠三倒四、不知所云者,不予录用……

日本大公司的这些规定反映了这样一个事实:说话与事业的关系至为密切,它是胜任本职工作最重要的条件之一。因为当众说话水平高,能说会道,才能正确地领悟上级的意图并恰当地表达出来,一个唯唯诺诺、语无伦次的人必定不能胜任自己的工作。通过讲话让领导、同事、群众更深层次地了解你,才能让大家信任你,才有机会被提拔到更高的职位上,胜任更重要的任务,才有施展才华、事业成功的机会。用好这种催化剂,事业的成功也便指日可待了。

● 好口才让你的求职轻松过关

美国成功学大师戴尔·卡耐基曾说："当今社会，一个人的成功，仅仅有15%取决于技术知识，而其余的85%则取决于口才艺术。"由此可见好口才的重要性。拥有好口才，已经成为现代人谋职成功的必备条件之一。

有一个很好的例子，讲的是一位大学毕业生去求职。当他走进一家报社后问总编辑："你们需要一位好编辑吗？"

"不需要。"

"那么记者呢？"

"不需要。"

"印刷小工如何？"

"不，我们现在什么也不缺。"

"那么你们一定需要这个东西。"这位大学生从公文包里拿出一个精美的牌子，上面写着：

"额满暂不雇用。"

总编辑笑着说："如果你愿意的话，请到我们的广告部来。"就这样，这位大学生被录用了。可见会说话在求职中能起到关键性的作用。

良好的口才，可以提升你应聘面试成功的概率。

在当今社会整体文化水平升高的环境下，才华横溢的人层出不穷，到处都充满着激烈的竞争和挑战，要想为自己谋求一份理想的职业已不是一件容易的事。要想在面试中脱颖而出，需要多种才能和本领，而良好的口才，是所有这些才能和资本中最有效的一种。

我国著名高校中山大学就业指导中心曾经举办过一场"全球500强企业——精英学子见面会"热身公开辅导讲座。讲座主要针对从广东及珠江三角地区万份简历中挑选出来的参加这次见面会的500名精英学子以及部分应届毕业生。来自广州卡耐基素质培训学校的两位资深顾问及讲师就"面试口才、形象礼仪"对求职的重要性为大学生作了形象生动的解说。

吴云川说，说话看似小菜一碟，人人都会，但当众演讲时落落大方、言简意赅，却并非每个人都能办到。在面对各家单位的招聘人员时，有的大学生反应敏捷、措辞准确、侃侃而谈、娴熟地进行自我推销；而有的大学生则对答迟钝、怯于开口。在每一个应聘者都同样优秀的情况下——同样的学历、同样的专业，企业能对比的恐怕只有学子们的形象外表了：在自信程度、对应聘企业与主考官的尊重程度上。

中山大学职业发展协会有关人士说明了他们的调查结果，越来越多的在校大学生也开始有意识地注重通过各种途径努力提高自己的说话水平。广州所有高校几乎都成立了口才协会。他们通过正规的社团组织为每一个有意提高说话能力的学生提供学习和锻炼的平台，并请有丰富演讲经验的教授和校外的当众讲话培训机构为会员上课。这种协会和口才培训班也得到了广大学生的欢迎。

从广州卡耐基学校的学员比例来看，报名参加当众演讲课程的大学生比例一直在上升，这也说明随着就业形势的日益严峻，越来越多的大学生意识到了口才的重要性。他们也期望通过训练使自己具备良好的口才，顺利通过求职面试这道关卡。

● 令人赞叹的世界级推销大师

一提起推销，人们首先想到的就是会说话。因为只有通过良好的语言表达，才能将商品推销出去。世界著名的推销大师乔·吉拉德就是依靠良好的口才成为最伟大的推销员的。

乔·吉拉德是世界上最伟大的销售员，他连续 12 年荣登世界吉尼斯纪录大全中的世界销售第一的宝座。他所保持的世界汽车销售纪录：连续 12 年，平均每天销售 6 辆车，至今无人能破。

乔·吉拉德也是全球最受欢迎的演讲大师，曾为众多世界 500 强企业的精英传授他的宝贵经验，来自世界各地数以百万计的人们被他的演讲所感动，被他的事迹所激励。

35 岁以前，乔·吉拉德是个全盘的失败者，他患有相当严重的口吃，换过 40 个工作仍一事无成，甚至曾经当过小偷，开过赌场。

然而，谁能想象得到，像这样一个谁都不看好，而且背了一身债务几乎走投无路的人，竟然能够在短短三年内爬上世界第一，并被吉尼斯世界纪录称为"世界上最伟大的推销员"。

作为最伟大的推销员，吉拉德在推销中奇招迭出，就连打电话也有其独到之处。

面对电话簿，吉拉德会先翻阅几分钟，进行初步选择，找出一些看来推销成功可能性较大的地址和姓名，然后再拿起电话。

"喂，科里太太，我是乔·吉拉德，这里是雪佛莱·麦若里公司，我只是想让您知道您订购的汽车已经准备好了。谢谢！"

这位科里太太觉得似乎有点不对劲，愣了一会儿才说："你可能打错了，我们没有订新车。"

吉拉德问道："您能肯定是这样吗？"

"当然，这样的事情，我先生应该会告诉我。"

吉拉德又问道："请您等一等，是凯利·科里先生的家吗？"

"不对，我先生的名字是史蒂。"

其实，吉拉德早就知道她先生的姓名，因为电话簿上写得一清二楚。

"史蒂太太，很抱歉，一大早就打扰您，我相信您一定很忙。"

对方没有挂断电话，于是吉拉德跟她在电话中聊了起来："史蒂太太，你们不会正好打算买部新车吧？"

"还没有，不过你应该问我先生才对。"

"噢，您先生他什么时候在家呢？"

"他通常7点钟回来。"

"好，史蒂太太，我晚上再打来，该不会打扰你们吃晚饭吧？"

7点10分时，吉拉德再次拨通了电话："喂，史蒂先生，我是乔·吉拉德，这里是雪佛莱·麦若里公司。今天早晨我和史蒂太太谈过，她要我在这个时候再打电话给您，我不知道您是不是想买一部新的雪佛莱牌汽车？"

"没有啊，现在还不买。"

"那您想大概什么时候可能会准备买新车呢？"

对方想了一会儿，说道："我看大概半年以后需要换新车。"

"好的，史蒂先生，到时我再和您联络。噢，对了，顺便问一下，您现在开的是哪一种车？"

在打电话时，吉拉德记下了对方的姓名、地址和电话号码，还记下了从谈话中所得到的一切有用的资料，譬如对方在什么地方工作、有几个小孩、喜欢开哪种型号的车等。他把这一切有用的资料都存入档案卡片里，并且把对方的名字列入推销的邮寄名单中，同时还记在推销日记本上。就这样，通过两三分钟的电话聊天，吉拉德得到了宝贵的推销信息，这些都是与他的好口才分不开的。

对于推销员和搞营销的人来说，说话是否有技艺往往直接决定了其交易的成败。

有的推销员以为自己每到一处，客户都会敞开大门，准备好笔墨与他签合同，于是一切万事大吉，就等着坐收利润了。然而，事实却是推销工作往往是由遭到客户的第一次拒绝开始的。如果一听对方对商品不感兴趣，自己扭头便走，那么交易永远不会成功。一位推销大王说："交易的成功，往往是口才的产物。"这就是说，在对方拒绝之后，就要运用你的口才了。能说服对方，改变对方原来的意图，才是推销员真正的本事。可以说，推销的实质就是说服。鉴于说服的宗旨是要改变对方的意图，所以高明的推销者可以斗胆说一句："世界上没有推销不出去的商品。"

另一位世界级推销大师原一平说："我之所以被人称为推销之神，可以归功于我的谈话技巧。我觉得谈话技巧非常重要。"他认为在约见客户的过程中，设法打开沉闷的局面，创造一个融洽和谐的气氛是十分重要的。只有在这样的气氛下生意才可能成交。而要达到这一点要求，推销员必须注意谈话的技巧，发挥自己幽默、亲切的特点。

原一平曾以"切腹"来逗准客户笑，拉近两人的关系。

有一天，原一平拜访一位准客户。

"你好，我是明治保险公司的原一平。"

对方端详着名片，过了一会儿，才慢条斯理地抬头说：

"几天前曾来过某保险公司的业务员，他还没讲完，我就打发他走了。我是不会投保的，为了不浪费你的时间，我看你还是找其他人吧。"

"真谢谢你的关心，你听完后，如果不满意的话，我当场切腹。无论如何，请你拨点时间给我吧!"

原一平一脸正气地说，对方听了忍不住哈哈大笑起来，说:

"你真的要切腹吗?"

"不错，就这样一刀刺下去……"

原一平边回答，边用手比画着。

"你等着瞧，我非要你切腹不可。"

"来啊，我也害怕切腹，看来我非要用心介绍不可啦。"

讲到这里，原一平故意让表情突然由"正经"变为"鬼脸"，于是准客户也忍不住和他一起大笑起来。

无论如何，总要想办法逗准客户笑，这样也可提升自己的工作热情。当两个人同时开怀大笑时，陌生感消失了，成交的机会就会来临。

"你好，我是明治保险公司的原一平。"

"噢，明治保险公司，你们公司的业务员昨天才来过，我最讨厌保险，所以他昨天被我拒绝了。"

"是吗? 不过，我总比昨天那位同事英俊潇洒吧?"

"什么，昨天那个业务员比你好看多了。"

"哈哈……"

善于创造拜访的气氛，是优秀的推销员必备的。只有在一个和平欢愉的气氛中，准客户才会好好地听你推销保险。而这种气氛完全靠推销员高超的谈话技术来营造。

不过，现在有不少人对此存在一个认识上的误区。在他们看来，好的语言表达能力就是讲话如长江之水，滔滔不绝。事实却并非如此。判断一名销售人员是否具有良好的语言表达能力，要从他的语言是否具有说服力来分析。销售的主要目的是说服，说服力的强弱是衡量销售员销售能力的标准之一。有的销售员滔滔不绝，不但不能说服客户，还有可能引起客户的反感。而有的销售员看似木讷、呆板甚至说话结巴，却能一语中的，使客户买得开心。因此，真正的说服是需要技巧和艺术的。

作为一名销售人员，想要让客户心甘情愿地从腰包里掏钱购买你的产品，必须掌握说服的技巧和艺术。用出色的口才将自己产品的独特卖点以及其他足以让客户欣赏的优越性展现给客户，让客户对你及你所销售的产品心服口服，这就需要专业销售人员不仅对自己产品的优越性、客户的心态等了如指掌，更要有外交家般的好口才。

● 会说话让你的升迁机会多

身在职场，能够升迁是众多人追求的目标。但是，有的人在短短几年之间就能得到令人羡慕的职位，有的人却还在原来的位置上停滞不前。其中或许会有许多原因，但是有一点就是会不会说话的问题。会说话能让升迁的机会更多。

一个人有才华，还要知道如何展示，否则只会原地不动，永无升迁之日。俗话说"千里良马尚高嘶"，马不叫如何让伯乐发现呢？翻看秦朝的历史，我们可以注意到李斯从一个平民书生爬到一人之下万人之上的相位，其中他的口才功不可没。

秦王嬴政四年（公元前243年）十月，秦国遭蝗灾之害，天下饥饿，百姓死者无数。有一天，吕不韦召集百官商议对策，百官皱眉，都一筹莫展。吕不韦十分扫兴，他想起了颇具才华的李斯，于是便令人招来李斯帮他出主意。李斯闻言，早已成竹在胸。他针对百姓缺粮、富豪藏粮囤积居奇的国情，献策说："富豪不肯缴纳粟谷，皆因一个'利'字。相国可诏令国人，凡能向国家交纳粟谷1000石者，可拜爵一级。有此重利，必使富豪争相交纳粟谷，此则饥饿可缓，民心可安。"吕不韦闻言，觉得李斯言之有理，果然计谋出众，便依策报请秦王嬴政诏令天下。诏令一出，富豪争相献粮，解救了秦国的饥荒之灾。

事后，吕不韦对李斯更加赏识，认为李斯不但善写文章，而且有经世之才，应当重用。于是，他向秦王举荐，让李斯当了郎官，专司守护宫门，

侍卫秦王。

郎官虽小，但能接近秦王。李斯觉得：这是苍天赋予他接近秦王的机遇啊！不出所料，果然不久机遇来了。一日，秦王乘兴郊游，李斯紧随身后，忽听年轻的秦王嬴政面对无垠旷野有感而发地吟咏道："天地悠悠，何其大也！""普天之下，莫非王土；率土之滨，莫非王臣！"李斯赶紧机灵地应和。秦王嬴政发现身边的郎官很精明，便询问其来历。李斯心中暗喜，立即谨慎地将自己拜师荀卿、投身吕相国门下当舍人的经历作了简略禀报。

秦王嬴政早知荀卿颇知帝王之术，于是考问李斯道："你既是名师之徒，对帝王之术有何见地？"李斯毫不迟疑地说："帝王之术不过是个'一'字。"

"此话怎讲？"

"军必有将，国必有君，天下必有天子，皆因要统一军令、统一政令。一则治，异则乱；一则安，异则危。当今诸侯分立，战祸连年，民不聊生，是为乱世。久乱必治，久分必合，天下归一，势在必行。秦有兵革之强，物产丰富，理应统一天下，结束分裂。诸侯合而归一，天下方能大治……"

秦王嬴政听罢大喜，得意道："我秦国真是人才济济，连小小的郎官也出语不凡！"

郊游归来后，李斯兴奋难寐，他抓住时机，发挥所学，连夜给秦王写了一道关于吞并六国、统一天下的奏疏。第二天轮值，李斯亲自把奏疏呈送给秦王嬴政。

秦王嬴政阅毕，惊喜不已，李斯所言竟与自己的意图暗合。他如获知音，深感李斯绝非等闲之辈。于是当即下达诏令，任命李斯为长史，让他参与制定朝廷国策。

同样的例子发生在萧何身上。

西汉初年，汉高祖刘邦打败项羽，平定天下之后，开始论功行赏。这可是攸关后代子孙的万年基业，群臣们自然当仁不让，彼此争功，吵了一年多还吵不完。

汉高祖刘邦认为萧何功劳最大，就封萧何为侯，封地也最多。但群臣心中却不服，私底下议论纷纷。

封爵受禄的事情好不容易尘埃落定，众臣对席位的高低先后又群起争议。许多人都说："平阳侯曹参身受七十次伤，而且率兵攻城略地，屡战屡胜，功劳最多，应当排为第一。"

刘邦在封赏时已经偏袒萧何，委屈了一些功臣，所以在席位上难以再坚持己见，但在他心中，还是想将萧何排在首位。

这时候，关内侯鄂君已揣测出刘邦的心意，于是就顺水推舟，自告奋勇地上前说道："大家的评议都错了！曹参虽然有战功，但都只是一时之功。皇上与楚霸王对抗五年，时常丢掉部队，四处逃避，萧何却常常从关中派员填补战线上的漏洞。楚、汉在荥阳对抗好几年，军中缺粮，也都是萧何辗转运送粮食到关中，粮饷才不至于匮乏。再说，皇上有好几次避走山东，都是靠萧何保全关中，才能顺利接济皇上的，这些才是万世之功。如今即使少了一百个曹参，对汉朝有什么影响？我们汉朝也不必靠他来保全啊！你们又凭什么认为一时之功高过万世之功呢？所以，我主张萧何第一，曹参居次。"

这番话正中刘邦的下怀，刘邦听了，自然高兴无比，连连称好，于是下令萧何排在首位，可以带剑上殿，上朝时也不必急行。

而鄂君因此也被加封为"安平侯"，得到的封地多了将近一倍。他凭着自己察言观色的本领，能言善道，舌灿莲花，享尽了一生荣华富贵。

现代社会中，很多人都有这种经验，在一个公司待上一段时间后，就会发现公司里升迁很快的往往不是那些只懂得埋头苦干而一言不发的人。相反，那种技术能力稍差但是说话能力很强的人通常会受到老板的特别优待，有的甚至连升三级。

虽然工作能力是职场上不容忽视的工具，但适当的说话技巧却让人更有可能在职场里出类拔萃。正因为意识到这一点，越来越多的人开始重点关注谈话技巧的功用，他们有时还总结一些办公室常用句型，这些句型不但能帮你化危机为转机，更可以让你成为上司眼中的得力助手。

传递坏消息时的句型："我们似乎碰到一些状况……"你刚刚才得知，一件非常重要的工作出了问题，此时，你应该以不带情绪起伏的声调，从

容不迫地说出本句型。千万别慌慌张张，也别使用"问题"或"麻烦"等字眼，要让上司觉得事情并非无法解决。

上司传唤时的句型："我马上处理。"冷静、迅速地做出这样的回答，会令上司认为你是有效率、听话的好部属。

表现出团队精神时的句型："莎拉的主意真不错！"莎拉想出了一个连上司都赞赏的绝妙点子，趁着上司听到的时刻说出本句型。做一个不嫉妒同事的部属，会让上司觉得你本性善良、富有团队精神，因而另眼看待。

第二章

说话艺术是怎样炼成的

口才不是与生俱来的，也绝不会从天而降，发明大王爱迪生说过，天才是百分之一的灵感和百分之九十九汗水的结晶。天赋固然重要，但后天刻苦的锻炼更为关键。

在实践中磨炼口才，以坚强的意志作为通向成功的基石，用汗水浇灌成功的花朵，勤奋的苦练加上技巧，一定会成功。

第一节 丰富的语言来自灿烂的内心

● 必须提高记忆力

积累知识需要良好的记忆力。著名心理学家犟兆尔说:"一般人平时利用他的记忆力不到 10%,这是因为他违反了记忆的自然法则,浪费了其余的 90% 的缘故。"你是否也是这样? 如果是,你一定感到进行读书计划时会产生重重困难。

增进记忆的方法是促进你口才的一种因素。为什么你对事物的印象常常一会儿便会忘掉? 这是因为你不懂得记忆的秘诀。对你打算牢记的事物,抓住一个深刻、生动、能启发人的印象,集中注意力。只要一分钟努力地集中注意力,将比心不在焉、恍惚几日的成就更优。有人说:"一小时的紧张工作,可超过如梦般的几年。"这便是秘诀,特别有利于记忆力的增强。

爱迪生说过:"普通人的脑子所记住的不到他所见的千分之一,我们真正的观察力之贫弱,甚至极为可笑。"

当你遇到同时被介绍认识 3 位陌生朋友时,一两分钟以后,竟会忘了他们的姓名,这是什么缘故? 因为你起初就未能充分注意他们,也没有精确观察他们。要是你听准了别人的姓名,或是未听明白而再问一遍,他会因你的注意而心悦,你也会因集中注意力而牢记他们的姓名,并得到准确的印象。

记忆最自然的一项法则就是：对于你想要记忆的事物，获得深刻、生动而且持久的印象。而要想达到这个目的，你必须集中注意力。罗斯福的惊人记忆力给与他见过面的人留下深刻印象。而他有这种杰出能力的主要因素是他的印象仿佛是刻在钢铁上，而不是写在水上。他曾经通过坚强的意志和练习，训练他自己，使他即使在最混乱的情况下也能集中精神。在1912年的芝加哥党大会举行期间，他的总部设在国会旅社。群众涌向旅馆下的街道，挥舞着旗帜，高呼："我们要泰迪（罗斯福）！我们要泰迪！"群众的呼喊声，乐队的演奏声，来来去去的政治家，匆匆召开的会议，各种磋商活动——这种混乱而嘈杂的情况早已把普通人搞得心神不宁了；但罗斯福却安然坐在他房间里的摇椅上，忘掉了所有的混乱与嘈杂，专心阅读古希腊历史学家希罗多德的作品。在巴西荒野旅行期间，每天傍晚，他一到达宿营地，立刻在大树底下找一处干燥的地方，取出一张露营用的小凳子和他随身携带的一本英国历史学家吉朋写的《罗马帝国兴亡录》，迅速沉迷在书中，完全忘掉了滂沱大雨、营区的嘈杂声以及热带雨林特有的各种声响。难怪他能深刻地记住他读过的内容。

花5分钟主动、积极地集中注意力，将获得比在精神模糊的情况下胡思乱想好几天更好的效果。亨利·华德·毕丘写道："积极投入的一小时，胜过迷迷糊糊的多年岁月。"每年赚取百万美元的贝泰钢铁公司老板大吉尼·葛瑞斯说："我一生当中学会的最重要的一件事，而且不管在任何情况下每天都奉行不渝的，就是集中精神，注意我目前手中的工作。"

这就是力量——尤其是记忆的秘诀之一。

林肯告诉我们一个助长记忆的方法，那就是他每次阅读必须要记住的书报，必须高声朗诵。他说："当我高声朗读时，有两种官能在工作：第一，我看见了我所读的是什么；第二，我的耳朵也听见了我所读的是什么。因此，我比较容易记住。"谁都知道林肯的记忆力是异常牢固的，他自己说过："我的心像一块钢板，很难在上边画上事物，但画上以后，就极难拭去。"总之，同时利用两种官能，是林肯记忆的秘诀，你也不妨加以效仿。

不过，我们坐下来记忆一段话，翻来覆去直到能记熟为止，所用的时间，双倍于用适当的记忆方法。因为我们的大脑，应该适当休息，才不会因使

用过度而疲乏。《天方夜谭》的译者瑞却通先生能讲二十几种语言，而且非常纯熟。他承认，从来不会为了记忆一种语言，每次超过 15 分钟之久。他告诉我们，在 15 分钟之后，大脑便对所记内容失去了新鲜感。

詹姆斯教授另外告诉我们一个记忆秘诀，他说："我们的脑子，原是一架联想的机器。如果在一阵沉默之后，突然要你记好，你当然会瞠目不知所对，因为你根本没有什么印象记忆了。也就是说，记忆必须有一个线索。如果我要你记忆自己的生日，或是早餐吃些什么，或是记住了一曲歌谱，那你就当然可以立刻回答出来，因为有了联想的线索，这联想的线索控制了我们的一切思想。我们运用脑子，无非是受了联想系统的牵引。总之，凡是记忆，都靠着一个系统的许多联想，而这良好记忆的秘诀，便是把我们要记的东西，形成许多的联想。譬如，两个经验一样的人，谁能把过去的经验记忆联想得最多且最有系统，便是谁的记忆力好。"

例如，一个不大容易记忆的年代，你可以和已经发生重要事件的年代联系在一起。比如美国南北战争结束于 1865 年，是每一个美国人都不会忘记的。如果要他们去硬记苏黎世运河的完工年代是 1869 年，那就困难了，而要叫他们改记为竣工于南北战争结束后 4 年，一定较为容易。

道理就是这样简单，以上方法也很容易实践。良好的记忆是练就优秀口才必不可少的素质。没有好的记忆力，要想培养出良好的口才是不可能的。只有大脑中充分地积累了知识，你才可能张口即出、滔滔不绝。如果你大脑中空空如也，那么即使你再伶牙俐齿，也无济于事。记忆与口才一样，并不是一种天赋的才能，后天的锻炼对它同样起着至关重要的作用，记忆力增强了，口才的提高也就指日可待了。

● 各个领域都要有所了解

俗话说："巧妇难为无米之炊。"素材是构成口才表达内容的基本要素，是一切口才实践的基础和前提。没有素材，再高明的表达主体也只能徒叹奈何！素材平淡，本身不具有社会价值，即使主体口吐莲花，也只能泛泛而谈，不可能有什么远见卓识、真知灼见。没有丰富而准确的素材，口才

表达内容就不可能符合客观实际。凡不符合客观实际的思想就是错误的思想，就会将人们引到岔路上去。所以，必须首先从具有丰富而准确的素材入手，这就要求说话者要对各个领域都有所了解。

人类知识包罗万象、纷繁复杂，也是当众讲话者侃侃而谈的力量之源。知识在于厚积而薄发，有多方面知识积累的人，讲起话来也底气十足，成竹在胸。有的人之所以很有吸引力，究其根本原因，就在于丰厚的知识积累。胸有成竹，欲发则出；积之愈深，言之愈佳。

对讲话者来说，知识是多方面的。不同的人，有不同的知识要求；不同的人，对知识的把握程度也不尽相同。但作为讲话者，应当掌握的最基本的知识有以下几方面。

1. 处世知识

处世就是指处理人情世故、社会活动、与人交往。每个人与社会都有千丝万缕的联系，作为人类社会的一分子，没有基本的为人处世之道，是无法在社会立足的。要想使自己的言语达到彼此交流沟通的目的，就必须掌握交际应酬的起码知识，这样，才能说出与当时的情境适宜的言辞。如果不懂得这些知识，在当众讲话过程中，就会因某一细微疏忽讲错话而造成不良后果，导致讲话失败，甚至闹出笑话。

2. 世事知识

世事知识指的是社会生活中方方面面的常识、经验、教训、风土、人情、习俗、掌故，等等。这种知识是一种客观存在，一般无须潜心去学；只要不脱离社会生活，在实践中都能逐步体会、感悟得到。人们要想丰富自己的语言修养，实现当众讲话的沟通目的，必须具备这类知识。曹雪芹就认为："世事洞明皆学问，人情练达即文章。"一个不谙世事的人，所发言辞要么造成笑话，要么酿成苦酒。

3. 文化知识

文化是指大文化，是人类在社会历史发展过程中所制造的物质财富和精神财富的总和，诸如天文、地理、历史、文学、艺术、哲学、经济、法律等。这些知识往往以成语、典故、佳作、名言、警句为载体，最能陶冶

情操、提高修养、开阔视野，从而使表达者的言辞更具感染力、说服力、吸引力。这种知识不能从实践中获得，需要孜孜不倦地学习。在人生路上，不断积累学习，当众讲话时便会充满活力，如滔滔江水连绵不断。正所谓："问渠哪得清如许，为有源头活水来。"

4．专业知识

所谓"术业有专攻"，人的一生精力有限，不能做一个博学家，而要精于本职工作，熟练掌握专业知识。

专业知识的获得，一是靠学习，二是靠实践。当今社会是信息社会，知识更新迅疾，一个好的专业人员不关注本领域最新进展，就无法发现自身的知识盲点，既不利于工作进行，也不利于说话水平的提高。

除了从这4个大方向上把握知识面的拓展以外，我们应该使自己具备多方面的常识。这里有一个小笑话：某君以口齿伶俐而见长，有人向他求教有什么诀窍，他说："很简单，看他是什么人，就跟他说什么话。例如同屠夫就谈猪肉，对厨师就谈菜肴。"那位求教的人又问："如果屠夫和厨师都在座，你谈些什么呢？"他说："我就谈红烧肉。"由上面的故事中可以看出，要应付社会上形形色色的人，就要具备多方面的知识。如果你能做到这一点，那么应付各种人物自然就得心应手了。虽然不一定要样样精通，但运用全在你自己。你不懂法律吗？但遇到了律师，你不妨和他谈最近发生的某件案子，或由你提供给他案情（这全是从报纸上看到的），其余的问题就让他去说好了。

日本东京有一家美容院，生意兴隆为当地之冠。有人问他们生意兴隆的原因，店主人坦率地承认，完全是由于他的美容师在工作时，善于和顾客攀谈之故。但怎样使工作人员善于说话呢？

"简单得很。"店主人说，"我每月把各种报纸杂志买回来，规定各职员在每天早上工作前一定要阅读，就当日常功课一样，那样他们自然会获得最新鲜的谈话材料了，从而博得顾客的欢心。"

这不过是千百个例子中的一个。知识是任何事业的根本，你要使谈吐能适应任何人的兴趣，就更要多读一些书刊杂志，把天地间的知识储存在你的

脑海中，一旦到应用的时候，就可以有选择地打开话匣，与人对答如流了。

● 博览群书，充实你自己

曾任哈佛大学校长达 30 年之久的叶洛特博士曾说："我仅承认一件事，受过教育的男女们，在知识上所应得的收获，就是能够正确、优美地使用本民族的语言。"

要增进自己的知识，书是真正的秘诀所在，多阅读书籍，不断地充实你讲话所用的词句。英国的约翰·伯莱特说，他觉得每逢走进图书馆，就愤恨人生太短促了，使他不能够将心爱而珍贵的书都去遍览一次。伯莱特 15 岁时就被迫辍学，到一家棉纱厂中去做工，从此便没有再返学校课堂的机会。可他不但英语讲得流利纯熟，并且能对拜伦、弥尔顿、雪莱的长诗熟读深思，又能将莎士比亚的名剧倒背如流。他每天总要温习一遍《失乐园》，以充实他的语言、提高他的说话能力，最后终于成为英国 19 世纪最伟大的演说家。

另外，英国 18 世纪的著名政治家毕特，他的自修方法是每次读一两页希腊文或拉丁文的作品，读过之后，再试译为英文。他这么努力了 10 年，说："现在，我已获得一种无与伦比的能力，不必太费心思，就能把恰当意见、合宜字句排列成次序，绝不会有一些紊乱的谬误。"

林肯是不愿意把智力浪费在和他智力相同或者较低的人们身上的，他最好的教师，就是历代著名的学者、诗人与其他优秀的人物。他可以背诵拜伦的长诗，勃朗宁的诗篇也是他最爱阅读的，他还听过一场关于诗人彭斯的演讲。他要拜伦时时刻刻做他的教师，所以，他借了两本拜伦诗集，一本在写字间里，另一本在家里。在他办公的前后，或者休息的时间，他总是去请教这册诗集，因此，把书皮都翻得残破了。

做了总统的林肯，以及在南北战争中军务繁忙的林肯，每晚睡前，还要读几首歌德的诗，或者在半夜醒来，也要拿起诗集来念。当他发现美好的句子，总是兴奋地跳下床来，只穿上睡衣，便连奔带跑地走到大厅，找到他的书记，一篇一篇讲给他的书记听。

一个胸无点墨的人，当然不能期望他能应对如流。学问是一个利器，

有了这个宝贝，一切便可迎刃而解了。你虽然不可能对各种专门学问都有精湛的研究，但是你却不妨采取"鲸吞泛读"的方法来达到扩展自己知识面的目的。能巧妙地运用你已了然于胸的广泛的知识，那么和任何人进行10分钟有趣的谈话，想必是没有困难的。

读书看报是你充实自己的有效方法。随着社会的进步，每月出版的各类书刊杂志越来越多，经常阅读书刊是最低限度的准备工作。国际和国内的动向、一般的经济发展趋势、科学上的新发明和新发现、世界所广泛关注的事件和新闻人物，以及艺术名作、电影戏剧等内容，都可在每日的报纸和每月的杂志中看到。

在你看报的时候，拿一支红蓝铅笔，把每天最有兴趣的新闻，或是所看的好文章勾出来，要是能剪下来更好。一天只要两条，两个星期之后，你便可以记下不少有趣的事情了。

在你看杂志或书籍的时候，每天都要记住其中的一两句你认为很有意义的话，用红蓝铅笔在那句话边上画上线，如果能抄在你的日记本上那就更好了。记住，开始时不要贪多，因为你还不太习惯，不要一开始就使自己过分为难，否则没有几天你就会放弃了。

每天只要一两句，既省事，又容易记。你千万不要看不起这一两句，如果你每天不停地记下去，两三个月后你就会发现你的思想比以前丰富得多了。每当谈话的时候，很容易就会想起它们，或者用自己的话把它们加以发挥。这些有趣的话题，随时随地都会冒出来帮助你，帮你脱离窘境。

另外，图书馆和网络是一个巨大的信息宝库，要善于利用它。几乎每个图书馆都有定期文献、读者指南。这个来源列出了杂志文章的作者、题目和主题，多年成卷，存于图书馆的参考资料部分。

一个好的大百科全书（如《大英不列颠全书》、《大美百科全书》）在许多图书馆都可以见到。这些出处对于所列条目的说明无论何处都是简明扼要的，每年的年鉴所提供的资料使这些百科全书通常能跟上潮流。但是，你的知识来源不应仅限于它们。

目前，网络是发展迅速的电子产物，你只要轻轻点击几个著名网站，

就可以获得大量资料；你也可以随意进入世界著名的图书馆浏览。利用互联网能够更快、更迅速、更便利地获取材料。

"工欲善其事，必先利其器"，这虽是一句老话，但至今仍然适用，所以，要想成为一个最会说话的人，首先必须充实自己，做到"利其器"。

● 善于向祖宗学习

这里所说的祖宗的智慧，就是那些通过智慧的打磨，被人们广泛认可、流传百世的名言、诗句、谚语、俗语等。这些语言精练、形象、生动而有美感，平时多积累并将它们运用到说话中，能为我们的语言增添不少色彩。

其中，俗语是群众语言，即有浓郁的地方特色、通俗易懂、人民群众熟悉的、喜爱的语言，它包括谚语、歇后语等。这些语言大都来自社会实践，是人民群众创造发明的，在讲话时巧妙地运用，能够大大增强语言的感染力，容易被群众理解和接受。

俗语是通俗而广泛流行的定型的语句，简练形象。恰当地引用俗语，可以增强讲话或演讲中的幽默感和说服力。

1985 年 5 月，时任美国总统的里根到苏联访问，两国领导人举行会谈。在欢迎仪式上，苏联领导人戈尔巴乔夫说："总统先生，你很喜欢俄罗斯谚语，我想为你收集的谚语再补充一条，这就是'百闻不如一见'。"戈尔巴乔夫之意，当然是宣称他们在削减战略武器上有行动了。

里根也不示弱，彬彬有礼地回敬道："是足月分娩，不是匆匆催生。"里根的谚语形象地说明了里根政府不急于和苏联达成削减战略武器等大宗交易的既定政策。

在论辩中巧妙地运用俗语可以调节气氛，增强语言的感染力，从而达到明确地讲清道理、有力地反驳对方的目的。

演讲中，可以适当地引用名人的言论、公认的史料、数据以及广泛流行的成语、谚语等，可以更好地点明主题，佐证观点，使文义含蓄，富有启发性。成功的演讲都能巧妙地或明引，或暗引，或仿引古今中外、东西南北，使听众会心言外，深思彻悟。

第二节 克服心理障碍

● 扼住恐惧的咽喉

恐惧是阻碍说话达到预期效果的重要因素之一。在日常生活中，我们常常可以听到：

"我听过许多报告，多数报告都有答疑的时间。即使我坐在听众中间，大多数人甚至不知我是谁，但每当我考虑提出一个问题时，我的心就怦怦地跳个不停，整个胳膊感觉像木棍一样，连举手都很困难。"

"我的老师在每堂课上都喜欢提问。无论何时被叫到，我都会张口结舌。如果是一对一闲谈，我能感觉好一点，但仍然紧张，我不愿说蠢话或去表达一个与众不同的见解。"

"没有比求职更糟的了。我花了6个月来找工作，真是令人痛苦。在等待会见时，我总是冒冷汗，额头布满汗珠，腋窝也湿了，衬衫贴在后背上。还没进办公室就这副样子。"

是什么使所有这些恐惧落在我们的身上？为什么要担心呢？简单来说，我们大家都想获得尊重，希望招人喜爱。可信和令人喜爱是说话的两个重要因素，几乎每个人都想从这两点中获益。不管我们已有多少，却永远也不会够。

具体来讲，造成这种紧张、恐惧心理的原因主要有两种：

第一种，不想献丑。这些人的想法是，只要我不在他人面前暴露自己的短处，别人也就不会知道我的缺点。一旦在众人面前说话，自己的粗浅根底、拙劣看法都会暴露出来，那么从此以后，哪里还有自己的立足之地？所以，不说话更稳妥。

不过，持有这种想法的人应该想一想，一个人尽量不暴露自己的短处，那么其长处又怎能充分发挥呢？如果自己的长处发挥受到影响，无疑也会影响别人对你的看法——别人有时会以较低的水平来评价你。其实，只要你认真地全力发挥，诚诚恳恳地把话说出来，不必踮高足尖来充内行，相信必会有不错的表现。

同时，现代人是高度社会化的个体，一个人无论是生活还是工作，都免不了要与社会接触、与他人接触，而说话则是人与社会接触，与他人交流的最重要手段。所以，可想而知，一个不想说话的人肯定会为现代社会所不容，被现代社会所淘汰。事实证明，就连聋哑人也需要用一种特殊的语言——手语来进行交际。

第二种，不知道该如何组织说话的内容，就像被硬拉到一个陌生的世界一样，所以会感到惊惶。

有的人是因为先天原因。有些人生来性格内向，气质属于黏液质、抑郁质类型，他们说话低声细语，见到生人就脸红，甚至常怀有一种胆怯的心理，举手投足、寻路问津也思前想后。

还有一些教育不当的因素也占其中。有些家长对儿童的胆小不加引导，孩子见到生人或到了陌生的地方，便习惯性地害羞、躲避，没有自信心。儿童进入青春期后，自我意识逐渐加强，敏感于别人对自己的评价，希望自己有一个"光辉形象"留在别人的心目中，为此，他们对自己的一言一行非常重视，唯恐有差错。这种心理状态导致了他们在交往中生怕被人耻笑，因此表现得不自然、心跳、腼腆。久而久之，便羞于与人接触，羞于在公开场合讲话。对此，应给予正确指导，鼓励青少年大胆、真实、自然地表现自己。

恐惧或忧虑会阻碍我们说话的尝试。有时保持安静较容易，退缩在"壳"

里可以掩饰自己的软弱。但是，那意味着我们将错过无数次张口说话的机会，我们的观点将不被注意，我们的力量将得不到认可。

做下面这个自我测验，来找出恐惧在何处阻碍了你的说话。用"是"或"不是"回答下面5个问题：

（1）单独出席聚会你会感到局促不安吗？

（2）你愿意表达一个与别人不同的观点吗？

（3）你在拒绝你的朋友要求你做某事时感到困难吗？

（4）你对洽谈购买价格或合同感到不情愿吗？

（5）你在给别人打电话时总是避免要求什么吗？

只要我们看清自己紧张、恐惧心理的原因，科学地分析它，就会意外地发现根本没有什么好怕的。随着你自信程度的增加，你的说话能力也会得到增强。

● 怯场绝不是你的专利

害怕当众讲话，没有谁会是特例。在卡耐基的成人演讲训练班里，经调查得出80%～90%的学员在上课之初会感到上台的恐惧。许多职业演讲者都向卡耐基坦白过，他们从来没有完全消除登台的紧张情绪。在他们发言之前，总是会害怕，而且这种害怕在演讲开始阶段一直持续着。

俗话说："树要皮，人要脸。"所谓"要脸"，就是特别关注自己在别人心目中的印象。每个人都有一种理想的自我形象，总是希望别人都以赞许的目光看待自己；每个人还都有一种社会的自我形象，总是希望在群众中和社交中大家都能喜欢自己；每个人都有一种性别上、年龄上、职业上、家庭上，以及经济上的自我形象，总是希望自己在各个方面都能融入社会，对经验很少的年轻人来说，更是十分自然而强烈的。年轻人总有一些从未体验过的欲望和不便公之于众的弱点和心愿。于是，自信与自卑、开朗与烦恼、大胆与怯懦、立志和消沉等互相矛盾的心理在他们身上往往混合存在，交替出现，因而他们也就特别关心自我形象在别人心目中会是什么样子，对周围的一切也就特别敏感。

　　由于害怕丢面子，被人议论，所以胆怯、腼腆、惊慌和恐惧便涌上心头。这种胆怯心理，不是少数人的问题，而在大多数人身上都程度不同地存在着，其比例数字还相当高：在青少年中大约占 80%以上，而在已经工作多年、有一定阅历的人当中差不多也占 50%以上。这不能不说是一个社会性的普遍难题。

　　可以毫不夸张地说，人人都可能在说话前后或说话过程中产生紧张、恐惧心理，性格内向、沉默寡言者如此；天性活泼、思想活跃者如此；即便演说专家、能言善辩者也不例外。每当我们打开电视机时，往往会被一些潇洒大方、表达自如的节目主持人所折服；每当我们拧开收音机时，也往往会被一些口若悬河、音色优美的播音员所倾倒。其实，他们也并非我们所想象的那样在说话时无忧无虑，应付自如。他们也一样常常怯场。据闻，日本某演员临近自己拍片的时候就想上厕所，甚至一去就是 10 分钟。美国某播音员，起初每临播音，都要先到浴池去洗一次澡，不这样，播音时就不能镇定自若。如果碰到外出进行现场直播，他便不得不提前到达目的地，并在直播现场寻找浴室。

　　纵览古今中外，很多政治家、演说家最初都有过怯场的经历。就拿丘吉尔来说，他当年在演讲台上窘迫不已，恐惧得甚至连一句话都说不出来，直到被轰下台去。但他并未就此消沉下去，而是勇敢地面对现实，勤讲多练，绝不放过每一次讲话机会，演讲水平日益提高。后来他的就职演讲被誉为最精彩的首相就职演讲之一。

　　又如美国著名的总统演讲家林肯，在最初走上演讲台时，尽管经过周密细致的思索，做了充分的准备，但仍然遭到了失败。极度的恐惧让他语无伦次，别人不知他在说什么。

　　随着人类社会的不断发展，人类文明的日益衍演，人类的语言也渐趋复杂化、技巧化。同时，由于有些人天生性格内向、性情孤僻，致使他们产生了对说话的胆怯心理。

　　"我总是不敢在人面前讲话、发言，那会使我心跳加快，脑中一片空白……"有人坦然地承认自己说话的胆怯，而且对此颇为苦恼。

　　然而，往往每一个说话胆怯的人都会误以为自己是个例，他们总是会

想："为什么自己会这样呢？要是能像别人一样谈吐流畅该多好啊！"其实，人人都会出现说话胆怯的情况，怯场是一件非常正常的事。

日本有位专家认为，人类用以视觉为首的五官来感知外界的动态，随即采取相应的行动。所谓"怯场"一事，乃人体器官正常动作的一种先兆，这种动作是当见到大庭广众，或见到意想不到的陌生面孔等之后，五官感受到了，并对之做出反应，明显症状是脸红、心"扑通、扑通"地跳、语无伦次、词不达意，等等。如果此刻说话者想疲道："怯场啦！怎么办呀！"他就会因慌张而说不出话来。但是，如果他当时想到的是："换了任何一个人遇此情景，都有可能怯场！"那他心里就会踏实多了，并随之镇静下来，很快恢复正常。所以，正确地对待怯场非常重要。

我们可以把平时生活中关于怯场之类的事反复地思量一下，清醒一下自己的头脑，正确对待怯场这件事。

问问自己为什么怕人笑呢？自己说的话真的值得被人取笑吗？怎样才能避免被人笑话呢？是不是自己说话缺乏自信才招致别人笑话呢？究竟怎样才能克服胆怯，提高自己的语言交际能力呢？如果说话者能够真正地把这些问题分析清楚了，查出了症结所在，一切难题也就迎刃而解了。

说话怕羞的人甚至可以这样想：如果你被一个人取笑，不等于所有人都会取笑你；如果你的话可笑，那并不代表你所说的每一句话都会让人取笑；如果你的话可笑，那别人笑的只是那句话，而不是你本人；何况，谁都被人笑过，这是很平常的事。而且，如果那个笑你的人是一个以取笑别人为乐的人，那么错不在你身上，而在取笑你的那个人身上。况且，古今中外那么多名人都有过怯场的经历，你只是一个普通人，紧张是在所难免的。

当你真正认识到说话怯场的真实状况，就不再那么担心会"丢脸"，心情放松下来，你的谈吐自然会随之舒畅起来。

● 胆子是练出来的

胆量不会与生俱来，也不会从天而降，就像庄稼需要施肥、道路需要整修，它也需要不断磨炼。有人曾对丘吉尔的口才进行各种分析，他的儿

子却一语中的:"我的父亲把自己一生中最宝贵的年华都用在写演讲稿和背诵演讲稿上了。"

世界上没有天生的演说家!毫无疑问,丘吉尔被誉为"世纪的演说家"是当之无愧的,但人们可能忘了,他原先讲话结巴,口齿不清,根本就不是当演说家的材料。他本人身高五英尺半左右(约1.65米),没有堂堂的仪表和风度,他那难听的叫喊声又不像道格拉斯·麦克阿瑟或是马丁·路德·金那样洪亮。丘吉尔没有受过大学教育,他曾经在下院最初的一次演讲中,讲了一半便垮下来了……然而,他并不为此而自卑,从此一蹶不振、畏畏缩缩,认为自己就不是这块料。经过多次的主动练习,经验和胆量都大大增加的他终于成了举世皆知的雄辩的演说家。

英国的现代主义戏剧家萧伯纳才华杰出,并且以幽默的演讲才能著称于世,显示了渊博的知识、深邃的思想。但是,在他年轻时,胆子却很小,羞于见人。初到伦敦,上朋友家做客,总是先在人家门前忐忑不安地徘徊良久,却不敢直接去按门铃。有一次,一位朋友邀请他参加一个学会的辩论会,他在会上怀着一颗非常紧张的心站了起来,做出了有生以来的第一次公开演讲。当他讲完时,迎接他的不是掌声,而是喝倒彩和讥笑。这次下来,萧伯纳感到蒙受了莫大的耻辱。但是,萧伯纳并没有从此逃避在公开场合演讲,而是化自卑为动力,化弱点为长处,鼓足勇气,面对挑战。他越挫越勇,拿出超人的毅力,参加了许多社团辩论,并且在社团辩论中总是参与发言,据理力争。他每星期都找机会当众公开演讲,在市场、在教堂、在公园、在码头,无论是面对成千上万的听众还是寥寥无几的听众,都慷慨陈词。终于,萧伯纳成了一名世界级的演说家。

面对陌生的事物或人,我们总是很容易退缩、害怕,想要让自己大胆表达,最好的方法就是让自己习惯开口说话,怎么样让自己习惯开口说话呢?在任何场合,你都应该积极把握或创造与人交谈的机会,试着与他人闲聊、寒暄、攀谈,说话的次数多了,自然也就成了习惯,胆怯就会逐渐消失。

成功的推销员、演说家并非一开始就对说话习以为常,无所畏惧。一名成功的推销员很可能在历经多次失败之后才建立起说话的勇气,著名的

演说家也是从无数次演说经验中才掌握演讲的技巧，才能赢得满堂彩。第一次的尝试总是比较艰难，但是一回生、二回熟，熟悉之后就能泰然处之，游刃有余。

如果一个人能抓住机会努力练习口才，那他说话的胆量一定会得到很好的训练。练习的机会很多，而且方便省事，我们每天都要见人，都要说话，机会随处可见。

家庭是练习口才的第一个场所。家庭不免会有些经济收支问题、子女教育问题、卫生保健问题、饮食起居问题，你能平时就这些问题与你的妻子好好谈一谈吗？如果你能时常提出一些有益的意见或帮助她解决一些或大或小的困难，那说明你的口才练习有了明显进步。社会是由男性和女性组成的，男女间的相互交往、夫妻间的良好相处，都是练习口才的极好途径。同时，从和自己最熟悉的人开始练习，也不会有太大的难度，这样很方便训练说话的胆量。

广结良友，与朋友频繁往来，是练习口才的又一途径。我们的朋友可能来自不同的地方，处于不同的年龄，属于不同的阶层，从事不同的工作，因而与他们相处时会遇到一些各种不同的问题。比如：小张近日要结婚；老李的儿子考取了大学；阿王的小商店近几个月没什么起色；赵某最近被查出有经济问题；某某家中昨晚被盗……每个人都有各自的快乐和苦恼、失败与成功。如果想练习好自己的口才，训练自己的说话胆量，就最好去了解他们的各种情况，好好找他们谈谈，尽量想出如何帮助、开导、启发他们的谈话内容来。这样，无形之中，你拥有的朋友，你了解的谈话内容，都会渐渐地增多起来，你说话的胆量也会渐渐大起来。

在陌生人聚会的场合也可以训练说话的胆量。每个人都免不了会参加一些社交活动，如果我们参加的社交活动是陌生者的聚会，又要我们尽量去寻找与人说话的机会，那可以说是训练说话胆量的绝佳机会。在这种陌生者聚会的场合，我们想与人说话的机会和方法很多。大家相聚时，不外乎出现两种情形：一是有的人在交谈，而有的人却孤零零地待在一边；二是大家都三五成群地在一起交谈。如果我们仔细观察，发现有人也像自己

一样——孤孤单单地坐在某个角落，那么就大胆地走上前去向对方介绍自己。打完招呼后，可由天气等无关紧要的话题说起，逐渐加大话题深度。这时候，除了某些特殊原因之外，对方多半是欢迎我们的。如果在这种陌生人聚会的场所多锻炼几次，下次再碰到陌生人，也就不至于生疏和胆怯了。只要自己愿意主动开口，并掌握好说话的有效时机和方法，就一定不会被拒绝，这也无疑是对你下一次主动出击的最大鼓励。

总之，胆子是练出来的，要想拥有好的口才，就要抓住一切机会，锻炼自己的胆量。只有不懈地锻炼才能取得最后的成功。

● 主动营造减压的气氛

有时候，有的人在单位里见到以前在一起玩过的同事，竟然低头不语，装作没看见，自顾自地走过去。乍看起来，似乎觉得这种人很没有礼貌。其实不然，他们并不是高傲不理人，而是害羞、胆小，连很普通的招呼都不知道该怎么打，也不喜欢有事没事都露出一脸微笑，所以，见人只好假装没看见。像这种没有表情的人，除了可以和三四个密友谈天说笑之外，面对其他的人，就不知道该说些什么，无法像闲聊那样，与不熟悉的人自如畅谈。

其实，一个人说话胆量的大小，说话水平发挥得如何，与说话时的气氛很有关系。说话时的气氛好，人的兴致便高，情绪便较高昂，谈兴也会较浓，这样便会使人放下包袱，倾心畅谈。反之，说话时的气氛不好，人的情绪就很难调动起来，人一觉得乏味，也就不会有什么好的兴致说话了。比如，当我们在与自己的家人或亲友交谈时，一般气氛都较好，这样几乎不需要思考，就能根据报上看的、广播里说的、街上听的关于昨天、今天或明天的重要的或一般的事情，聊个没完，越聊越起劲。但是，当我们在遇到初次见面的人、地位显赫的大人物、神秘的谈话对象时，往往大家都很拘束，很难一下子就形成良好的轻松气氛。这样谈话就没有那么顺利了，而且因为气氛不好，还有可能使自己脑中一片空白，完全想不出该说什么话。

所以，为了使我们的说话胆量得到提高，为了能使自己成为一名具有较好口才的人，我们在与他人说话时，要设法创造一种轻松和谐的说话气氛。

　　热情是这种气氛所必不可少的元素。你最好钻出自己的壳，热情主动地与人交往，不要使冰霜结在你的脸上。要把冰霜融化掉，方法是说些有趣的事。如果这时正是度假时节，你可以说："你可听见路边新闻？听说在IBM公司的圣诞晚会上，有一部电脑喝醉酒，想去扯一部打字机的蝴蝶结。"或者也可以说："在我们公司的宴会上，老板的秘书小姐对会计部门新来的职员说，他的心好像铁做的捕机。这人以为他缚住小姐的心了，受宠若惊，但是她接着说：'别再扯我的腿了！'"

　　不论是何季节，在何种社交场合，热情的力量都会帮助你营造一种愉快并充满人情味儿的气氛。

　　你也可以适当开开玩笑，在笑声中解开紧张的情绪，这种方式很容易使气氛达到高潮。你也许在电影或日常生活中看过男女双方第一次见面时手足无措的情节。男女相亲，双方默默无语，好不容易一方正要开口说话时，另一方也正好想说些什么，于是两人同时张开嘴巴，又尴尬的同时闭了口。过了一会儿，同样的事情又重演了。不过这都是出现在别人身上，如果真发生在自己身上，其慌张失措的窘态是可想而知的。有这样一个相亲场合，富有幽默感的男方为了解除两人同时开口的尴尬场面，对女方说："我们真是默契啊！"一语逗笑了女方，就连女方家长也忍俊不禁，气氛随即轻松融洽起来。

　　1935年3月27日，高尔基在苏联作家协会理事会第二次全体会议上作了一次简短的讲话。下面所引的是他在批评某些诗作缺乏生活时所说的一段话：

　　"同志们。诗人多得很，但是具有巨大诗才的在我看来却太少。他们写的诗长达几公里。（笑声）

　　"我不想谈伟大的诗歌和大诗人。我在这方面是外行。我失掉了这方面的鉴赏力，我念诗也很费力（笑声）……不久以前，我在一个作者的作品里找到了这样的句子：'他举起手，想摸摸她的肩膀，正在这时候，无畏的死神追上了他。'（笑声）说得多别扭。"

　　看了这段关于当时讲话的记录，尽管我们未看到当时会场的情景，但

仍能感受到热烈的气氛，听到欢腾场面中的开怀畅笑。那不绝的笑声不但吸引了当时在场的听众，也吸引了几十年后的我们。可见，通过调笑创造说话的气氛，是如此的重要。

初入社会或刚参加工作的人，在偶然的机会里与著名人士相见，常会觉得紧张、害怕，不知道该说些什么话。特别是那些经验较少的人，会一直低着头，如果被对方问到一些事情，也只是作简单而呆板的回答。

另外，我们也有可能被事先安排要见某些重要人物。在这种情况下，如果我们事先收集并研究有关对方的资料，那么不管对方问到什么，都不容易出错，或者茫然不知所措。但是，这种类似考试前临时抱佛脚的状态，在面对知名人物时，还是会紧张，当被人家问到一些问题时，也只会回答"是"或"不是"。

我们现在所处的社会，是高度民主的社会，再怎么有名的大人物，也跟我们一样是人。我们应该对他们表示敬意，但却不必畏缩、恐慌。只要把他们当成自己的亲戚或师长，很自然地与之进行对话，就可以了。我们说话的时候，不必害怕或紧张，应该泰然自若，以尊敬而明朗愉快的语调和知名人士交谈。这样就可以营造出一种轻松和谐的气氛了。

总之，我们无论在什么情况下与什么人说话，营造轻松和谐的说话气氛都是非常重要的。

● 绝不放过每一个练习的机会

口才不是与生俱来的，也绝不会从天而降，就像庄稼需要施肥、道路需要整修，口才也需要培养。先天不足后天补，是完全做得到的。发明大王爱迪生说过，天才是百分之一的灵感和百分之九十九汗水的结晶。天赋固然重要，但后天刻苦的锻炼更为关键。在实践中磨炼口才，以坚强的意志作为通向成功的基石，用汗水浇灌成功的花朵，勤奋的苦练加上技巧，一定会取得成功。哈佛大学的著名教授威廉·詹姆士说过："我们只是半醒着。我们仅仅在使用我们体力和智力的一小部分。说得明白一点，人类就是一直这样画地为牢，生活在自己的圈子里。人具有各种力量，但往往未

加发挥。"这些力量我们每个人都有，只是没有得到充分发挥，却对这些力量置若罔闻，真是太可惜了！

有的人想练习口才，但苦于找不到机会，我们可以清楚地告诉你：路就在脚下。练习口才的机会处处都有，我们每天都要见人，都要说话，千万不要以为日常的说话不需要什么口才。其实，练习口才的人应该把每一句话都说好。口才好的人一开口就能说上一句好话、一句动听的话。这恰如练习书法的人一样，必须首先练好每一个字。一个书法好的人，一动笔就能把一个字写好。所以，我们绝不能轻视那些日常生活对话。就是这些极简单的日常对话，口才好的人和口才不好的人，说起来都是截然不同的，即使是"哼"一声也迥然有异。

面对陌生的事物，我们很容易害怕退缩。想让自己能够流利地表达意见，最好的方法就是让自己习惯开口。做任何事情都需要练习才会进步，说话也是如此。

如果我们无法自在地与陌生人交谈，那你可以尝试鼓起勇气和超市店员或不太熟识的邻居说声"你好"，你就会发觉自己越来越习惯面对陌生人发言了。

所以在任何场合，你都要积极把握和别人交谈的机会，试着与他人闲聊、寒暄，从中学习说话技巧，建立自信。

主持会议或在会议上发言也是练习口才的绝好机会。会议语言是一种很好的磨炼形式，能迅速促进你的提高。

说话的机会随处皆是，如果有可能，你不妨参加一个社会组织，志愿担任事需要你讲话的职务。在公众聚会里，你要勇敢地站起身来，使自己出个头，哪怕是附议也好。在参加各种会议时，千万别去敬陪末座，而要洒脱一些。另外，还应当参加相应的团体活动，并活跃地参加各种聚会。我们只要多留心我们周围的事情，便会发现，没有哪种商业、社交、政治，甚至邻里间的活动是你不能举步向前、开口说话的。如果我们不主动地开口说话，并且不抓住一切机会不停地说，我们永远不会有进步，也永远不知道自己会有怎样的进步。

第三章

掌握说话艺术，
嘴上会带把尺

人际关系并不是波澜不惊的一汪止水，其中往往伴随着各种意想不到的特殊情况。一旦处理不好，不仅会对自己造成不良影响，也会对他人造成伤害。此时，说话的尺度和方式是避免出现这种尴尬的关键因素。

最会说话的人总能在进退维谷时运用各种语言技巧，因势利导，巧妙周旋，使自己摆脱不利地位，营造和谐的谈话氛围。

扫码获取更多资源

第一节 批评的分寸

● 尽量少让第三人知道

俗话说"人要脸，树要皮"，谁被批评都不希望被别人知道。在工作中，上级经常都会有给下级提意见或进行批评教育的情况，但一定要注意不要声张，要使他有尊严的安全感，让他知道"改过就好，这事我不向别人说"。

有的领导者很不注意这一点，刚批评完下级就把这事说给了别人；或者事隔不久批评另一个人时，又随便举这个人做例子，无意间将批评之事散布出去，弄得风言风语，增加了当事人的思想压力和反感情绪。

人人都有自尊，都有保护自尊的心理倾向。领导批评下级，就要爱护下级，尽量将其心理振荡控制在最低限度，绝不能无意中增加新的干扰素，影响下级接受批评，改正错误。实际上，口舌不严是领导人不负责任、没有组织纪律的一种恶劣作风，亦在应受批评之列。

任何一个谈话高手都知道，批评的话最好不超过三四句。会做工作的人，在对别人进行批评教育时，总是三言两语见好就收，不忘给对方留一定的余地；而有的人就不是这样了，他们总是不肯善罢甘休，非把对方批得"体无完肤"不可，结果是过犹不及，往往把事情推到了反面。

例如，工厂一位李姓工人私自把仓库里的钢筋拿了一根回家，安在窗户上。这事让厂领导知道了，领导抓住这一点，把李某狠狠地批评了一通。当然，李某也认识到自己的确错了，很诚恳地向厂领导认错。这件事本该到此为止，但厂领导并没有善罢甘休，非让李某写下书面保证并公开在厂中认错不可。书面保证可以写，但公开认错就有点勉为其难了。这类事本来不光彩，如果让厂里同事都知道了，李某觉得很难堪，可是寻思来寻思去，仍找不到下台的办法，于是只得离开工厂了。

一般来说，批评应该适可而止，没有必要把对方置于死地，让对方无颜面示人，因为我们批评的目的是为了治病救人，是为了帮助别人。

从另一个角度来说，人与人之间的个人感情是不能回避的，随着社会的发展，人际的人情味也会越来越浓。社会越前进，社会分工越细，人际的感情依存越强，人的情感就更加显得可贵。这个问题有利也有弊，作为领导者应该正视这个问题，尽力做好工作。比如一些影响不大，又不属于原则性的错误，进行了批评，达到了批评的目的，就可不再声张，甚至也不再言及领导班子中的其他人。有时也可直接告诉被批评者，说明到此为止，不再告之他人。这都可使对方得到尊严上的安全感，产生情感约束力。

大多数人的本质都应该是积极的，那种冥顽不灵、屡教不改的人还是占少数，多数人都会有一份神圣不可亵渎的尊严，在批评教育时一定要本着这个前提来进行。

● 批评要分清场合

场合是否定和批评下级的必备条件，也是领导批评的必要限制。聪明的批评者总是知道在什么场合下说什么话，从而创造出一个否定和批评下级的良好时机。愚蠢的批评者则往往不分场合，不看火候，随便行使权力，大耍威风，结果，使问题反而变得更加复杂和严峻。通常的批评宜在小范围里进行，这样会创造亲近融洽的语言环境。实在有必要在公众场合批评时，措辞也要审慎，不宜大兴问罪之师。

曾经听过这样一个例子：某日公司的一位主管在众人面前大声地斥责了一位个性较温和的新晋员工："既然是男人，就应该挺起胸膛。不要畏首

畏尾的像个女人，难道不觉得丢我们男人的脸吗？"在众人面前遭到斥责的这位员工，低着头往办公室外走去。主管想他或许是去洗手间，但是过了许久却仍不见踪影。四处找了又找，终于发现他在屋顶，手靠着围墙正往下看。主管见状，不禁心中起了一阵凉意："最近一些神经衰弱、身心不健全的人，经常做出令人出乎意料的事，或许自己想得太多，不过从今以后，一定要先看场合再斥责。"

当有外人在场的时候，即使最温和的方式，也可能会引起被批评者的不满，认为你没有给他面子，让他颜面尽失。所以，要批评一个人的错误时，最好避免在公共场合，尽量选择单独会谈的方式。让对方感觉到自己的错误，没有必要当着别人的面公开指责。一次商务宴会上，罗伯特遇到了这样的一个场景。

那是一家公司的圣诞晚会，受到邀请的人都是与公司有生意往来的合作伙伴，所以这个晚会相当于一个非正式的商务宴会。公司的一个高级职员穿了一件不十分得体的晚礼服，与罗伯特谈话的公关部经理看到后马上中断了和他的对话，走到那个职员面前。

"你你怎么穿这样的衣服来了？"经理的声音不大，但还是有人能听到。

"对不起……之前准备好的衣服不小心弄坏了，所以就……"

"那也不能穿这样的衣服来！"经理嫌弃地看着职员身上的衣服，"简直是丢公司的人。"

面对咄咄逼人的经理，那个职员的脸色越来越难看。

"不要再解释了，马上去给我换一件，要么就离开这里，不要再在这里丢人了。"

被说得无地自容的职员只好狼狈地离开了会场。目睹这一切的罗伯特觉得这个经理做得过分了，他想这个经理应该不会在现在的位置上待很久了。果然，几个月后，这个经理被公司调到了外地的分公司，理由是无法和下属很好地相处。

领导不分场合，大庭广众下就将下属大批一通，对自身也是一种损害。因为他的不识体、没风度在很多人眼前暴露无遗，这是在给自身形象抹黑。

大家也许会忽略那个被训斥者所犯下的错，反而会把注意力投向这位唾液飞扬的领导身上。

不只是不要在人多的环境下批评说教，还有这样一些情形需要注意。比如说：

下属存在的错误和缺点是工作习惯方面的，你最好是背后谈心，一般不要当众指责，以免产生逆反心理。

两位下属心存芥蒂，情绪对立，就不能当着这个的面批评那个。否则很容易使一方认为你是在支持他，而另一方则认为你是在协助对方压制自己，从而使矛盾更加激烈，使情绪更加对立。

当一个人的错误涉及其他人时，不应当着被涉及人的面去批评。否则往往会使被涉及的其他下属认为你是在杀一儆百，从而对你产生误解。

大量事实说明：恰当地选择批评的时机和场合，对于优化批评的效果是十分重要的。批评的目的和内容都正确，选择的场合和时机不当，也会导致批评的失败。毕竟批评的目的只在于纠正错误，期望改正，而不在于负面打击。

● 不翻老账

许多人总是对以前曾犯过错误、受过处分甚至惩罚的人，抱有很深的成见。这样，在对他们进行批评教育时，就会自觉不自觉地把眼前的事和以前的事扯到一块儿，翻老账。而这往往就触动了别人最敏感的、最不愿意让他人触及的神经，从而使人产生极大的反感。

一名车间工人，因为工作失误，受到一个通报批评的处分。后来，他和一名同事吵了一架，于是车间主任找他谈话，对他进行批评，可只进行了几句，就谈崩了。下面是他们的对话：

车间主任："你对同事大打出手，可真够威风的啊。"

工人："我……"

车间主任（打断工人）："你怎么样？上次那个通报你忘了吧？我可是没忘啊……"

工人："那你就给我再来一个通报吧！一个我抱着，两个我背着！"

车间主任："你……"

批评最忌翻陈年老账，将对方过去的问题一股脑儿地抖出来以显示自己的理直气壮。殊不知，连珠炮式的指责只会扩大对方的对抗情绪，使所遇到的问题更难解决。

"并不是我喜欢揭人的疮疤，而是他的态度实在太恶劣，一点悔过的意思都没有。我这才忍不住翻起旧账来的。"车间主任事后为自己辩解说。

批评应针对当前发生的问题，帮助下属提高认识，改正错误。翻老账会使下属产生逆反心理，直觉告诉他领导一直在做收集他全部缺点的工作，这一次是在和他算总账，因而会产生对立情绪，不会做出任何配合的。

司机因违反交通规则而受罚时，有的会乖乖顺从，有的却想尽办法推脱。为什么会产生这种差别？这当然和警察对司机的态度有密切关系。特别是当警察看到驾照违例记载栏时的反应，会直接影响警察的态度。

驾照中有违例记载的司机，都不希望别人看到。而警察因为要执行勤务，有责任查看。但看过违例内容后，应避免再追问，只处理当天的案件即可，这样的话，司机大都会听从处理。如果警察表现出不屑的样子，并盘问不休，司机自然会很反感。

就心理学的观点来说，司机这样的反应是人之常情。弗洛伊德曾说："人具有抹杀不愉快记忆的潜在欲求。"这意味着任何人都难以接受别人用过去来评价现在的自己。尤其是过去犯错已获得应有的惩罚，而现在再揭发，无疑是被强迫接受多余的惩罚，所以明显表示出抵制情绪也是不足为怪的。

同样，批评人时必须认清这种心理。就算不得不提及以往的错误，也要有意避开，以便能制造容易接受批评的心理状况。

假如领导发现了连下属也没察觉的错误，除非过去犯错累累，不然应避免重提。再说，犯错的部下自己知错，而且也接受了处理，更不可翻旧账，这样做只会增加部下的反感，绝不可能收到批评的效果。

不过下属若是常犯相同的错误，就需特别注意了。这时，要仔细研究过去的批评或惩罚，下属反省到什么程度，又改进了多少。一旦发现下属已改进则应给予肯定，务必要避免重复同样的批评。

第二节 说服与劝阻的分寸

● 动辄争辩只会激化矛盾

从古至今，哲学争论了 2000 年而胜负未分，心理学的争辩也至少有几百年，现在还是不分高下。

留心我们的周围，争辩几乎无处不在。一场电影、一部小说能引起争辩；一个特殊事件、某个社会问题能引起争辩；甚至，某人的发式与装饰也能引起争辩。而且往往争辩留给我们的印象是不愉快的，因为它的目标指向很明白：每一方都以对方为"敌"，试图以一己的观念强加于彼。

你喜欢和人争辩，是否是以为你用争论压倒了对方，对方就会被你说服呢？你要明白，你必定压不倒对方。即使对方表面向你屈服了，心里也必悻悻然，你一点好处也得不到的，而害处却多了。好争辩，第一使你损害了别人的自尊心，令人对你心生反感；第二使你很容易犯专去挑剔别人缺点的恶习；第三使你变得骄傲；第四，你将因此失掉一切朋友。

你可以看书阐述你的主张，但是不可在谈话中处处争辩。说服别人的才智是令人敬佩的，但不是好胜。而且，你应该听过"大智若愚"的话吧，修养高的人，是决不肯与人计较的。

好胜是大多数人的弱点，没有人肯自认失败，所以一切的争辩都是没有必要的。谈话的艺术就是提醒你怎样游出这愚蠢的漩涡，更清醒地去应付一切。如果能够常常尊重别人的意见，你的意见也必被人尊重，如此，你所主张的就很容易得人拥护，而不必把精神花在无益的争辩上。你可以实现你的主张，你可以左右别人的计划，但不是用争辩的方法来获取。如果你想借某一问题增加你的学识，你应该虚心地请教，而不要企图借助争辩。请记得：争辩是一个无期的战争。

　　每个人的见解、主张都是经过长期的生活经验形成的，你不可能在短时间内通过一场争论改变它。因此，当你遇到与别人意见不同的情况时，一方面不要太过心急地要求别人立刻同意你的看法，应该学会理解、同情对方，容许别人做更多的考虑。另一方面也不要因别人的意见一时和自己不同，就说什么"话不投机半句多"，跟人断绝交往，闭口不说话。如果你能很礼貌又很谦虚地听取别人不同的见解、主张，必然会受到人们的欢迎和尊敬。

　　我们都知道推销员肯定能说会道，有好的口才。小王是公司的推销高手，销售业绩连续3年居公司第一，是公司公认的"金口才"。他刚刚从事推销时的一件事对他触动很大、影响很深。

　　小王公司生产的产品是一种更新替代型产品，与原有产品相比，功能加强了，售价也不高。小王刚开始去推销时，遇到的第一个顾客，可能思想有点保守，接受新事物有些慢，只承认原产品好，对新产品的优点视而不见。小王不服气，他拿出新旧产品的说明书，两相对照，向顾客讲解。同时又实际进行操作，证明新产品功能确实比旧产品好；然后进行性价比、产品性命周期对比。最终，顾客在小王的攻势下，不得不承认小王说的是对的，替代产品确实比原有产品好。但顾客却没有购买任何产品。

　　让顾客认同了自己的观点，小王成功了吗？没有，推销员应该有好的口才，口才体现在让顾客购买自己的产品，而不是让顾客不得不承认你正确。后来小王正是从这件事中吸取了教训，以后经过刻苦的学习和训练，坐上了公司推销的第一把交椅，成为公认的金口才。

　　切记："常有理"不是"金口才"，说服别人时，有输才有赢。给对方留一点空间，也就给自己留下了回旋的余地，这样离你的目的也就更近了。

当你觉得某些情况下不得不争论一番时，最好先问自己几个问题：

(1) 这次争辩的意义何在？如果是一些根本就不相干的小事情，我们还是避免争论为妙。

(2) 这次争辩的欲望是基于理智还是感情（虚荣心或表现欲等）？如果是后者，则不必争论下去了。

(3) 对方对自己是否有深刻的成见？如果是，自己这样岂不是雪上加霜？

(4) 自己在这次争论当中究竟可以得到什么？又可以证明什么？

心理学家高伯特普曾经说过："人们只在不关痛痒的旧事情上才'无伤大雅'地认错。"这句话虽然不胜幽默，但却是事实。由此，也可以证明：愿意承认错误的人是少的——这就是人的本性。

● 劝阻别人的分寸

劝阻别人，本是一种与人为善的美好情操，也是社会成员应该履行的道德义务。然而有好多人虽是怀着一片诚意苦口婆心地对别人进行说服、劝阻，结果却是费力不讨好，不仅得不到对方的感激，反而会受到周围舆论的讥讽和指责。究其原因，就在于没有掌握好劝阻的分寸与技巧。

例如，某剧院门前不许卖瓜子、花生之类的小食品，怕污染环境，影响市容。但一位年近六旬的老太太却是个例外。用剧场管理员的话说就是："这老太婆年岁大，嘴皮尖，人家叫她铁嘴，不好对付，只好睁只眼闭只眼。"某日，市里要检查卫生，剧场管理员小王要老太婆回避一下，说："老太太，快把摊子挪走，今天这里不许卖东西。""往天许卖，今天又不许卖，世道又变了吗？""世道没有变，检查团要来了。""检查团来了就不许卖东西？检查团来了还许不许吃饭？"小王无言以对，悻悻而退。管理自行车的老刘师傅随后走了过来，说道："老嫂子，你这么一把年纪，没早没晚的，又能挣几个钱呢？检查团来了，真要罚你一笔，你还能打场官司不成？再说，检查团不会天天来，饭可是要天天吃，生意可是要天天做的呐。""嗯！姜还是老的辣。好，我走，我走。"老太婆边说边笑着把摊子挪走了。

　　上述例子中，两种劝阻方式，一个失败，另一个却成功，这其中很有学问。管理员小王之所以劝阻不成反讨没趣，就因为他只是一味地讲抽象的大道理，却没有站在老太婆的角度上耐心地帮助她分析利弊。而老刘师傅就懂得这一点，他从老太婆的切身利益出发，向她指出了只考虑眼前的小利益而不顾长远利益的不良后果，使她真正认识到了自己固执行为的不明智，于是心服口服地接受了规劝。

　　其实，劝阻别人最忌讳的就是下面几点。

　　1. 激化矛盾

　　大量的说服事例表明，因说服而使矛盾更加激化的情况，主要有两类：

　　第一类是强化了对方本来就不该有的消极情绪，从而火上浇油，扩大了事态。

　　第二类是惹火烧身。因说服方法不当，激怒了对方，使对方把全部的不满和怨恨情绪都转移到你身上，你成了他的对立面和"出气筒"。

　　所以要想做说服者，就要有涵养，有博大的胸怀和宽厚仁义的气质。遇到上述情况，绝不可为了顾全自己的面子而反唇相讥，以牙还牙，使玉帛变干戈。

　　2. 急于求成

　　说服别人时，如果条件不具备就急于求成，不前思后想，总想一劳永逸，其结果往往事倍功半，成效甚微，甚至把矛盾激化。

　　3. 官腔官调

　　官腔官调会给人一种高高在上、唯我独尊、主观武断的官僚作风和指手画脚、发号施令的印象，这对于说服是十分不利的。

　　所以在说服时还必须注意坚持实事求是的态度，慎用套话，加强语言表达能力的培养。

　　4. 不分场合

　　如果不分场合，信口开河，不管人前人后，指名道姓地对人训说，结果往往不佳，搞不好还会出现与说服动机相反的结果。

　　因此，在劝阻别人之前，要事先想好自己该说什么、该怎样说等问题。

掌握好劝阻别人的分寸，以免吃力不讨好。

● 给人台阶下

当说服别人的时候，对方可能会有下不来台的时候。这种时候如果能巧妙地给人台阶下，就可以缓和紧张难堪的气氛，使事情能顺利进行。同时因为我们给对方台阶下，就给对方挽回了面子。所以要达到这样的目的，就应该学会使用下列的技巧，给人台阶下。

1. 给对方寻找一个善意的动机

装作不理解对方尴尬举动的真实含义，故意给对方找一个善意的行为动机，给对方铺一个台阶下。

有一位老师曾经讲过这样一个故事：一天中午，他路过学校后操场时，发现前两天帮助搬运实验器材的几位同学正拿着一枚实验室特有的凸透镜在阳光下做"聚焦"实验。当时那位老师就想：他们哪来的凸透镜？难道是在搬迁时趁人不备拿了一枚？实验室正丢了一枚。是上去问个究竟还是视而不见绕道而去？为难之时，同学们发觉了那位老师，从同学们惊慌的神情中老师肯定了自己的判断。当时的空气就像凝固了似的，一分一秒也不容拖延。他快速地构思，终于想出一条妙方，然后笑着说："哟，这凸透镜找到了！谢谢你们！昨天我到实验室准备实验，发现少了一枚凸透镜，我想大概是搬迁过程中丢失了，我沿途找了好几遍都未能找到，谢谢你们帮我找到了这枚凸透镜。这样吧，你们继续实验，下午还给我也不迟。"同学们轻松地点了点头，一场尴尬就这样被轻松解决了。

这位老师采用了故意曲解的方法，装作不懂学生的真实意图，反误以为他们帮助自己找到了凸透镜，将责怪化成了感激，自然令学生在摆脱尴尬的同时又羞愧不已。

2. 顺势而为

依据当时当场的势态，对对方的尴尬之举加以巧妙解释，使原本只有消极意味的事件转而具有积极的含义。

有一次，县教委的一些同志来学校听课，校长安排一班的李老师讲课，

这下可使李老师犯难了。他既怕课讲得不好，又担心有的学生答问题时成绩不佳，有失面子。

课上，他重点讲解了词的感情色彩问题。在提问了两位同学取得良好效果后，接着又提问了第 3 个同学："请你说出一个形容 × × × 的美丽的词或句子。"

或许是课堂气氛紧张，这个同学竟然说不出话来。

李老师随机应变、顺势而为地讲道："好，请你坐下，同学们，其实，这位同学的答案是最完美的，他的意思是说这个人的美丽是无法用文字和语言来形容的。"

听李老师这么一说，所有的听课者都发出了会心的微笑。

这一妙解使课堂气氛更加活活起来。

3. 委过于不在现场的第三者

故意将对方的责任归于不在现场的他人，主动地为对方寻找遮掩不妥行为的借口。

一位女顾客在某商场给丈夫购买了一套西服，回家穿后，丈夫有点不大喜欢这种颜色。于是，她急忙包好，干洗后拿商店去退货。面对服务员，她说那件衣服绝没穿过。

服务员检查衣服时，发现了衣服有干洗的痕迹。机敏的服务员并没有当场找出证据来拆穿她，因为服务员懂得一旦那样，顾客会为了顾及自己的面子，而死不承认的。这位服务员就为顾客找了一个台阶。她微笑着说："夫人，我想是不是您家的那位搞错了，把衣服送到洗衣店去了？我自己前不久也发生过这类事，我把买的新衣服和其他衣服放在一起，结果我丈夫把新衣服送去洗了。我想，您大概是否也碰到了这种事情，因为这衣服确实有洗过的痕迹。"

这位女顾客知道自己错了，并且意识到服务员给了她台阶，于是不好意思地拿起衣服，离开了商场。

4. 将尴尬的事情严肃化

故意以严肃的态度面对对方的尴尬举动，消除其中的可笑意味，缓解对方的紧张心理。

第二次世界大战时，一位德高望重的英国将军举办了一场祝捷酒会。除上层人士之外，将军还特意邀请了一批作战勇敢的士兵，酒会自然是热闹隆重的。没料想，一位从乡下入伍的士兵不懂酒席上的一些规矩，捧着面前的一碗供洗手用的水喝了，顿时引来达官贵人、夫人小姐的一片讥笑声。那士兵一下子面红耳赤，无地自容。此时，将军慢慢地站起来，端着自己面前的那碗洗手水，面向全场贵宾，充满激情地说道："我提议，为我们这些英勇杀敌、拼死为国的士兵们干了这一碗。"言罢，一饮而尽，全场为之肃然，少顷，人人均仰脖而干。此时，士兵们已是泪流满面。

在这个故事里，将军为了帮助自己的士兵摆脱窘境，恢复酒会的气氛，采用了将可笑事件严肃化的办法，不但不讥笑士兵的尴尬举动，而且将该举动定性为向杀敌英雄致敬的严肃行为。乡下士兵不但尴尬一扫而尽，而且获得了莫大的荣誉，成为在场的焦点人物。

由此可见，在说服别人的时候，一定要给人台阶下，这样于己于人都是有利的。

● 响鼓不用重锤敲

北宋益州知州张咏，听说寇准当上了宰相，对其部下说："寇公奇才，惜学术不足尔。"这句话一语中的。张咏与寇准是多年的至交，他很想找个机会劝劝老朋友多读些书。

恰巧时隔不久，寇准因事来到陕西，刚刚卸任的张咏也从成都来到这里。老友相会，格外高兴。临分手时，寇准问张咏："何以教准？"张咏对此早有所考虑，正想趁机劝寇公多读书。可是又一琢磨，寇准已是堂堂宰相，居一人之下，万人之上，怎么好直截了当地说他没学问呢？张咏略微沉吟了一下，慢条斯理地说了一句："《霍光传》不可不读。"回到相府，寇准赶紧找出《汉书·霍光传》，从头仔细阅读，当他读到"光不学无术，阇于大理"时，恍然大悟，自言自语地说："此张公谓我矣！"是啊，当年霍光任过大司马、大将军要职，地位相当于宋朝的宰相，他辅佐汉朝立有大功，

但是居功自傲，不好学习，不明事理。这与寇准有某些相似之处。因而寇准读了《霍光传》，很快明白了张咏的用意。

张咏与寇准过去是至交，但如今寇准位居宰相，直接批评效果不一定好，在这种情况下，张咏的一句赠言"《霍光传》不可不读"可以说是绝妙的。别看这仅仅是一句话，其实它能胜过千言万语。"不学无术"，这是常人难以接受的批评，更何况是当朝宰相，而张咏通过教读《霍光传》这个委婉的方式，使寇准愉快地接受了自己的建议。正所谓："响鼓不用重锤敲。"寇准是聪明人，也是知错能改的自觉人，因此只需轻轻点拨即可。

有的批评者明白这一道理，于是采取一种更加高明暗示手段，效果不一般，这就是请教式批评。

有个人在一处禁捕的水库内网鱼。远处走来一位警察，捕鱼者心想这下糟了。警察走近后，出乎意料，不仅没有大声训斥，反而和气地说："先生，您在此洗网，下游的河水岂不被污染？"这情景令捕鱼者十分感动，连忙诚恳地道歉。

若是警察当即责骂他，那效果就不一样了。最为高明的手段是根本不提"批评"二字，而是逐渐"敲醒"听者，启发他自己做自我批评。

据某单位几位老同志反映，晚上住在机关宿舍楼上的青年同志不注意保持安静，老同志在楼下睡不好。党委书记和这些年轻人闲谈时，讲了一则笑话进行暗示：

有个老头神经衰弱，稍有响动，就很难入睡。恰好楼上住了一个经常上晚班的小伙子。小伙子每天下班回家，双脚一甩，将鞋子"噔噔"踢下，重重地落在地板上，每次都将好不容易才入睡的老头惊醒。老头提了意见。当晚小青年下班回来，习惯地把脚一甩，突然记起老头的话，于是轻轻脱下第二只鞋。第二天一早，老头埋怨小伙子说："你一次将两只鞋甩下，我还可以重新入睡，你留下一只不甩，害得我等你甩第二只鞋等了一夜。"

笑话说完，小青年们哄堂大笑之后，悟出了笑话的所指，以后就注意这件事了。

另有一则例子很好地说明了"响鼓不用重锤敲"这一道理。1887年3

月 8 日，美国最伟大的牧师及演说家亨利·华德·毕奇尔逝世。就在那个星期天，莱曼·阿伯特应邀向那些因毕奇尔的去世而哀伤不已的牧师们发表演说。他急于做出最佳表现，因此把他的讲道词写了又改，改了又写，并像大作家福楼拜那样谨慎地加以润饰，然后读给他妻子听。

实际上，他写得很不好，就像大部分他以前写的演说一样。如果他的妻子不懂得批评的技巧，她也许就会说："莱曼，写得真是糟糕，念起来就像一部百科全书似的，你会使所有听众都睡着的。你已经传道这么多年了，应该有更好的认识才是，看在上帝的份上，你为什么不像普通人那般说话？你为什么不表现得自然一点？如果你念出这样的一篇东西，只会自取其辱。"她也许会这么说，而且如果她真的那么说了，其后果是可想而知的。

但是，她只是说，这篇讲稿若登在《北美评论》杂志上，将是一篇极佳的文章。换句话说，她称赞了这篇讲稿，但同时很巧妙地暗示，如果用这篇讲稿来演说，将不会有好效果。莱曼·阿伯特知道她的意思，于是把他细心准备的原稿撕碎，后来讲道时甚至不用草稿。

批评的话并不是随口说出来的，我们必须思考应该以什么样的方式把它说出来而给对方难堪。对于那些有自知之明的人，最好采用暗示的方式，因为这样做就可以达到劝说的目的了，无须再把话挑明，多加一层伤害。

第三节 化解矛盾冲突的分寸

● 避免语言冲突的分寸

　　人际交往中，总是会有一些意见不合的情况发生，这种时候经常会出现语言上的冲突。这种冲突的表现形式是多种多样的，比如说反问、责问、嘲骂、谩骂等，有时候还会表现在一些体态语中，比如说皱眉头、不屑一顾等。

　　但是人际交往中的语言冲突是十分有害的。它很容易造成一些尴尬的局面，甚至产生不可预想的结果，这对交往是十分不利的。所以，在与人交谈的过程中，应极力避免冲突。要避免冲突首先就要提升自身的修养，避免与他人起冲突。再者，对于别人无意间的语言冲撞也要表现出应有的大度，让自己占据主动优势。即使是别人有意冲撞，你对之进行反驳时，也要严守一个"度"，把握住应有的分寸，否则就会造成不必要的损失。

　　如果双方冲突的局面已经形成，你不妨采用下列的办法一试。

　　1. 暂时回避

　　有这样一件事情：有一日，亨利先生出外散步，偶然听见他的下属杰克正在对人埋怨他们公司的待遇太苛刻，而他的工作时间是那样的长，上司又不肯提拔他，言辞激烈。亨利先生听得怒火上升，几乎想立刻走过去叫他滚蛋。但是刹那间他打消了自己的念头，他转身回到办公室冷静地进行了一番思考。第二天，他问杰克："杰克，近来你可是受了什么委屈吗？"

杰克看见上司突然问自己这句话，一时惊慌失措，忙说："没有什么，先生，我觉得很好！"

"昨天你不是在说你的工作太多，公司待你不好吗？"亨利先生仍很和悦地说。

听完亨利先生的话，杰克承认了自己的失言，并且说他感觉不快的最大问题，是由于昨天黄昏时，在泥地中换了一个汽车轮胎的缘故。

当你在日常生活中，或与人接触时受了一些气时，最好是先让自己冷静，用一切方法来解除你的烦恼，直到平复你的心情为止。

2. 一笑了之

古希腊哲学家苏格拉底的妻子是个有名的悍妇，经常对苏格拉底破口大骂，有时甚至做出一些常人无法接受的事情。有一次妻子大发雷霆，当头泼了苏格拉底一盆脏水。苏格拉底没有生气，还诙谐地说："雷鸣之后免不了一场大雨。"别人嘲笑他说："你不是最有智慧的哲学家么？怎么连老婆都挑不好？"他回答："善于驯马的人宁肯挑选悍马、烈马作为自己的训练对象，若能控制悍马、烈马，其他的马也就不在话下了。你们想，如果我能忍受她，还有什么人不能忍受呢？"

对待那些生活中无伤大雅、争论起来也无甚意义的冲撞，不妨像苏格拉底这样诙谐对待，一笑了之。

3. 先声夺人

在你洞明对方故意耍弄手腕，欲寻衅冲撞时，就可抓住其要害，先发制人，开门见山，旗帜鲜明地亮出自己的观点，从而避免冲撞。

时任中纪委常委的刘丽英同志到某县查处一起案件，驱车返回时，突然被300多名闹事的群众拦住了汽车。在一些人的煽动下，不明真相的群众要求公布调查结果，有的甚至谩骂动手。

在这种群情激奋的情况下，她用十分威严的口气道："我是奉命来执行任务的，不是来发动群众的，村有村规，国有国法。法律不允许把调查的情况公开，你们的要求是无理的。你们辱骂国家的办案人员，拦截车辆，

妨碍公务，也是法律不允许的。"

接着刘丽英义正词严地介绍了《民法》、《刑法》，说明了妨碍公务罪等法律内容。刘丽英以法律为武器，一个棒喝，把闹事群众震慑住了。

特别值得注意是，避免言语冲撞不能靠谩骂、翻白眼、斗殴等消极的方式，否则不但不能避免冲撞，反而会使冲撞加剧，使势态更趋恶化。

谨慎用语，力避冲撞，这是人际交往中不能不加注意的重点，特别是那些涉世未深、年轻气盛的年轻人更要注意。

当然，如果你面前的是一位野蛮、粗俗、无理的人，你还可以采取据理力争的方法，坚持原则，绝不迁就软弱，争端自然会解决。

双方相争，必有一伤，也可能两败俱伤，所以在与别人交往的过程中，必须要注意避免语言冲突的分寸与艺术，以免让情形不可收拾。

● 摆脱窘境讲尺度

在与人交往中，常常会遇到一些别有用心的人，他们的话语会使我们陷入窘迫的境地。这种时候，我们应该如何说话呢？

总的原则是首先要保持情绪上的冷静、镇定，明辨事理，说话得体；该直言不讳的，不能含糊其辞；该巧妙回答的，就要语出惊人，语意深长；该含糊的也不能直言不讳；该沉默的就沉默……总之，从实际出发，看情况而定，对症下药。

但有一点要特别注意：当有人存心刁难或羞辱你，并使你的感情受到伤害的时候，你千万不要只顾气愤、动怒发火，不要硬着头皮去硬顶。那样就会落入他的圈套，扩大事态，于己更为不利；你也不能张口结舌，或满脸羞红，那样会使对方觉得你软弱可欺，他很可能会变本加厉地嘲弄你。唯一的办法是：头脑冷静，控制情绪，迅速开动脑筋，调整思维，运用语言的艺术特别是以急中生智的幽默的方式去对付。

你可以运用下列方法帮助你摆脱窘境。

1. 巧妙避开话题

有些问题很难说准确和做结论，直言相告可能会令人难以接受。碰到这类问题时，不要拘泥于正面解答，而要说一些与此相关的事物来引导对方深思，或是借取比喻、假设、移花接木等方式，含蓄作答，略加暗示。这样，既不脱离所提出的问题，使对方满意，又可巧妙地避开疑难之处，超脱自如。

2. 含糊其辞

在某些场合，尤其是社交和外交场合，对于某些难以回答而又不好回避的问题，你可以含糊其辞，模棱两可，做隐晦笼统的回答，如"可能是这样"，"我也不太了解"等等。有时候也可用体态语言略有表示，以便有所回应而又避免明确表态，既摆脱了对方的纠缠，又给自己留下了回旋的余地。

3. 沉默不语

在某种钩心斗角的场合，如果处境不利而又无计可施，什么也不能表示，那就索性沉默不语，避免落入对方设计的圈套，导致更加被动。

1945年7月，苏、美、英三大首脑在波茨坦会谈。一次休息时，美国总统杜鲁门有意对斯大林透露：美国已研制出一种威力极大的炸弹，即暗示美国已拥有原子弹。这时，丘吉尔也两眼死盯着斯大林的面孔，观察反应。而斯大林好像什么都没听见，未显露出丝毫异常的表情。其实，他听得很清楚，当然也听出了杜鲁门的弦外之音，内心焦灼。会后，他告诉莫洛托夫："加快我们的研制进度。"一个人面临这种窘境，拿腔作调反而会暴露缺点，还不如沉默不语，暗中使劲。

4. 直言不讳

假如朋友或同事在公开场合责备你，而情况又不属实，一定使人难堪。你可以心平气和地直言："我们是否私下谈谈这个问题？我要求你把情况搞清楚了再说话。如果你不注意尊重事实，那我以后很难再信赖你。"倘若是你的亲友无故责怪你，你就明确地说："你已经让我难堪了，但你总该告诉我这都是为了什么缘故吧？我什么地方把你得罪了？"当然，假若做错了什么事，哪怕不是有意的，也要诚恳道歉。

所以，每当你面临窘境时，一定要保持头脑冷静，控制好自己的情绪，运用恰当的语言艺术迅速来摆脱。

● 打破僵局有分寸

人际关系是复杂，所以交往谈话时难免会出现不和。在事情发生以后，有的人试图通过交谈重归于好，但又往往因为话不投机，致使双方越谈越僵。因此，如何能打破谈话的僵局就成为许多人急于想解决的问题。

由于人们的年龄及所受的教育或所处的环境不同，所以打破僵局的交谈就要善于抓住对方的特点，把握好说话的分寸。主要有以下几种情况：

1.看清对方性格再说话

人的性格不同，在语言上会呈现出各自不同的特点。

一般说来，性格暴躁型的人喜欢直言快语，厌恶啰嗦重复。但他们"火气旺"、脾气大、易与人顶嘴、吵架。我们与他们谈话时，就应该运用谦和的语气，从启发、自责的方面去说。

性格外向型的人比较能言善辩，说话也比较圆滑，当话不投机时，会运用语言工具与对方争论，但过后不久，不快的情绪就烟消云散。我们与这种性格类型的人谈话，宜单刀直入、开诚布公，以有力的事实和道理进行规劝和说服。

性格倔强型的人，言辞稳重，语态镇静，不易动气，但比较固执，难以听进不同的意见，当对方话题中涉及自己的问题时，会反复解释；性格内向型人，言语比较温和，语调低沉轻细，但很计较对方说话的态度，重视对方话语中的用词和语气，我们如果稍有不慎，就容易使对方产生疑心和忧愁。与己不和者如属于这两种气质类型，我们与其谈话时，就要运用"迂回战术"，多用婉转、暗示、商讨性的语言。

2.分清对方年龄再说话

心理学告诉我们，老年人最关心自己的身体状况，最希望得到晚辈的尊重。因此，当与己不和者是位年过半百的长辈时，见面后的第一句话应该带有深厚的关怀之情和强烈的道歉之意。如说："李爷爷，好久没有看望您老人家，近来身体可好？您老这么大年纪了，我还惹您生气，真是不应该，现在我给您老赔不是来了。"

而中年人最重视的是自己事业上的成就。与己不和者如果是属于中年人，见面后首先说的话应该带有对其事业的支持、肯定和赞许之意。如说："赵师傅，听说您的手艺越来越精了，今天我特意来登门求教。但能不能赐教，就看您能不能宽谅我上次对您的冒犯了。所以，求教之前，我必须向您老表示真诚的道歉！"

再者，与己不和者如果是位血气方刚的年轻人，见面后应该从适应其好学、敢想、爱玩、求信任等特点说起。如说："小林，据说青年文化宫今晚有一场高水平的篮球赛，我托人搞了两张票，不知能否请你一同去看？""小郭，听说你在搞一项革新，我有两本这方面的参考资料，送给你，你看看能否用得上？"

适应对方的心理特征，满足对方某一方面的需要，在一般情况下，与己不和者也会友好相待，从而消除了笼罩在双方之间的紧张空气，使谈话得以深入进行。

3. 把握住对方的兴趣再说话

当人们对某种事物感兴趣时，总感到称心如意，伴随着愉快情感。因此，从与己不和者感兴趣的事情说起，不仅能消除他们的敌意，而且能实现感情交流，甚至会出现"酒逢知己千杯少"的局面。对于这一点，有许多事例可以证明。

例如，某连指导员因多次批评战士王伟不守纪律，致使双方之间产生很大的对立情绪。指导员虽然三番五次找他谈话，都因话说不到一块儿而陷入僵局。后来，指导员通过认真观察，发现王伟对音乐很感兴趣。一天正当王伟欣赏柴可夫斯基的作品时，指导员来到他身边说："王伟，你在听《黑桃皇后》吧！"王伟一见是指导员，以为又是来教训自己的，便冷冷地说："怎么欣赏柴可夫斯基的音乐也犯纪律？"指导员回答说："柴可夫斯基是世界著名的音乐大师，他的音乐很美。"王伟的口气立刻温和了起来。指导员进一步同他热乎起来。就这样，两人从贝多芬、莫扎特，一直谈到斯特拉文斯基，越谈越起劲，愈说愈密切。最后，王伟终于主动检讨了自己的过错。

　　这个事例生动地说明：兴趣相投，爱好一致，能融化感情上的"冰霜"，打破双方谈话的僵局。当然，我们讲的兴趣爱好，是指积极良好的兴趣爱好，而对那些不良的兴趣爱好，我们决不能去迎合。

　　总之，要想打破僵局，必须要认清对方的不同特点去说。如此一来，僵局才能被打破，双方的关系才能趋于缓和。

第四章

掌握说话艺术，能把话说到对方心窝里

　　人们平时的谈话不能是说教，清楚准确的表达并不是唯一目的，更重要的是使对方接受说话者的意图，达到说此番话的目的。这就要求说话者把握尺度，注重方法，把话说到对方的心窝里。

　　生硬直白的表达往往会使语言苍白无力，更不用说得到对方的认可了。最会说话的人在说话时，往往会站在对方的角度考虑，拉近与对方的心理距离，拿捏尺度、将心比心，以期让对方接受自己的想法，并产生愉悦的共鸣，从而达到良好的说话效果。

第一节 言必由衷

● 说话的魅力在于真诚

真诚的语言是最能打动人的，巧妙地运用充满真情诚意的话语，可以促使说者与听者产生情感共鸣，可以使双方的关系变得融洽，从而营造出一种良好的沟通氛围，赢得广泛的人际关系，为成功创造有利的条件。

1915 年，小洛克菲勒还是科罗拉多州一个不起眼的人物。当时，发生了美国工业史上最激烈的罢工，并且持续达两年之久。愤怒的矿工要求科罗拉多燃料钢铁公司提高薪水，小洛克菲勒正负责管理这家公司。由于群情激奋，公司的财产遭受破坏，军队前来镇压，因而造成流血，不少罢工工人被射杀。

那种情况，可以说是民怨沸腾。小洛克菲勒后来却赢得了罢工者的信服，他是怎么做到的呢？

原来，小洛克菲勒花了好几个星期结交朋友，并向罢工者代表发表了一次充满真情的演说。那次的演说可谓不朽，它不但平息了众怒，还为他自己赢得了不少赞誉。演说的内容是这样的：

"这是我一生当中最值得纪念的日子，因为这是我第一次有幸能和这家大公司的员工代表见面，还有公司行政人员和管理人员。我可以告诉你们，我很高兴站在这里，有生之年都不会忘记这次聚会。假如这次聚会提早两个星期举行，那么对你们来说，我只是个陌生人，我也只认得少数几张面孔。由于上个星期以来，我有机会拜访整个附近南区矿场的营地，私下和大部分代表交谈过，我拜访过你们的家庭，与你们的家人见过面，因而现在我不算是陌生人，可以说是朋友了。基于这份相互的友谊，我很高兴有这个机会和大家讨论我们的共同利益。由于这个会议是由资方和劳工代表所组成，承蒙你们的好意，我得以坐在这里。虽然我并非股东或劳工，但我深觉与你们关系密切。从某种意义上说，也代表了资方和劳工。"

这样一番充满真诚的话语，可能是化敌为友的最佳途径。假如小洛克菲勒采用的是另一种方法，与矿工们争得面红耳赤，用不堪入耳的话骂他们，或用话暗示错在他们，用各种理由证明矿工的不是，那结果只能是招惹更多怨恨和暴行。

此外，在人际交往中，我们经常会遇到"祝贺"这种交往形式，一般是指对社会生活中有喜庆意义的人或事表示良好的祝愿和热烈的庆贺。通过祝贺表示你对对方的理解、支持、关心、鼓励和祝愿，以抒发情怀，增进感情。

祝贺的语言要真诚、富有感情色彩，语气、表情、姿态等都要有情感性。这样才会有较强的鼓动性与感染力，才能达到抒发感情、增进友谊的目的。

道歉也是人际交往中常见的交流活动。为人处世，犯错误总是难免的，毕竟"人非圣贤，孰能无过"。但是犯错误后的态度人们却非常重视。所以犯错误时，我们首先要坦率承认、真诚道歉。

你道歉的时候态度真诚，别人就会很轻易地原谅你。相反，有的人在犯错时态度极差，道歉时让人看不到一丝真诚，有的甚至根本就不道歉，只是一味地为自己辩解不休。结果使彼此之间的裂痕越来越大。

古人云："有朋自远方来，不亦乐乎"，"最难风雨故人来"，都道出了朋友间所凝聚的真情厚谊，反映了他们肝胆相照，充满真诚的交往过程。可以说，充满真诚、以诚暖人是交友说话、打动人心的重要因素，是赢得知心朋友的重要所在。

● 关怀的理念

对人关心和体贴，自然会让人感到温暖。多说这一类的话，会赢得真心的感动和感激。体贴，代表了对别人的爱护、关切和照顾。歌曰："只要人人都献出一点爱，世界将变成美好的人间。"对别人体贴就是对别人献出了爱，别人受爱的感化，也会以爱相回报。体贴的话会换来友爱，换来真诚，而"友爱"和"真诚"是每个人都需要的。有些人不是慨叹这世上"友爱"和"真诚"太少了吗？其实，只要问问他："你又给过别人多少体贴呢？"恐怕回答起来就很尴尬了。

此外，你平时对别人表现出的关怀，还会成为你求别人办事的一种途径。想想你平时对别人那么好，谁还能拒绝为你办些事情呢？

试想有一天，你去找你的朋友，请他出面帮助你办某件事。

平常你的朋友身体健康、精力充沛，在工作上也颇得心应手，单位内的人都认为他很有前途。可是有一天，他显露出悲伤的脸色，很可能是家中发生了问题。

他虽不说出来，一直在努力地抑制，可总会自然而然地在脸上流露出苦恼的表情。对这位朋友来说，这实在是件很尴尬的事，平时为了不让下属知道，他不得不极力装得若无其事。你们共进午餐后，他用呆滞的眼神望着窗外。此时，他那迷惑惘然的脸色，已失去了朝气。你对这种微妙的脸色和表情之变化，不能不予以注意。你尽你最大的设想，找出他真正苦恼的原因，并对他说："小王，家里都好吗？"以假装随意问安的话，来开启他的心灵。

"不！我正头痛呢，我太太突然病倒了！"

"什么？你太太生病了！我怎么一点都不知道？现在怎么样？"

"其实也不需要住院，医生让她在家中疗养。太太生病后，我才感到诸多不便。"

"难怪呢！我觉得你的脸色不好，我还以为你有什么心事，原来是你太太生病了。"

"想不到你的观察力这么敏锐，我真佩服你。"

他一面说着，脸上一面露着从未有过的笑容，此刻可以知道你成功了。在人生最脆弱的时候去安慰他，这才是你应有的体谅和善意。朋友由于悲伤，故心灵呈现出较脆弱的一面。此时，更不应再去刺激他，而应当设法让他悲伤的心情逐渐淡化。朋友的苦恼，在尚不为人知晓前，自己应主动设法了解，相信你的这份善意，即使是"鬼"也会受感动的。自然，这以后，朋友会心甘情愿地帮你办事。

怎样在与别人交往时表达出自己的关怀之情呢，在说话的时候，你可以参考下面的几种方法。

1. 示之以鼓励

给遇到磨难或陷于某种困境的人指出希望，让他振作精神，乐观地从困境中走出来，对方会对你的善意表示感激。

2. 示之以关心

不拘位卑位尊，贫贱富贵，人人都珍视感情。在必要的时候向别人表示关爱，别人也会把同样的善意之球抛掷给你。

作为上司，只有威严是不够的，还得富有人情味。下面是一个关于美国电话业巨擘——密西根贝尔电话公司总经理福拉多的生活片段：

在一个寒冷的深夜，纽约的一条不算繁华的道路上很少有车辆行驶。这时从街中心的地下管道内钻出一位衣着笔挺的人来。路旁的一个行人十分狐疑，他上前想看个究竟，一看却怔住了，他认出这个人竟是大名鼎鼎的福拉多！

原来地下管道内有两名接线工在紧张施工，福拉多特意去表示慰问。他说："你们辛苦了，我特地来慰问你们，没有你们，就没有我的事业。"

福拉多被称作"十万人的好友"，他与他的同事、下属、顾客乃至竞争对手都保持着良好的关系，这位富有人情味的企业巨人，事业如日中天。

3. 示之以同情

如果周围的人遇到了什么挫折和不幸，我们真诚地给以同情的表示，就可以让他感受到我们对他的体贴和关心。这样就能多少减轻一些他内

心的痛苦。

当然，同情不是无原则的附和。如果对方的情绪产生于错误的判断，就不应当随便表示同情，以免助长其错误情绪。比如说评定奖金，张三本来劳动态度不好，因而未评上一等奖，他发起了牢骚，你如果在这时表示同情，那就等于助长他的错误思想，也不一定会起到安慰的作用，这时需要的倒是劝导他正确对待，好好工作，下次争取。

不管采用什么办法，相信如果你的话语中充满了关怀之情，对方就一定会被你所折服，你们的友谊也就更加牢固。

● 温语相求化冷面

会说话同会办事是相辅相成的。话说得好听，说得到位，对方才乐意接受你提出的条件和要求。只有温言相求，拣对方爱听的话说，才有利于事情的解决。

西汉初年有一个叫季布的人，他为人正直，乐于助人。不管谁有困难，他都会热心地帮忙，所以在当时名声很好。季布曾经是项羽的部将，他很会打仗，几次把刘邦打败，弄得刘邦很狼狈。后来项羽乌江自杀，刘邦夺取天下，当上了皇帝。刘邦每想起败在季布手下的事，就十分生气。愤怒之下，刘邦下令缉拿季布。

他的邻居周季得到了这个消息，秘密地将季布送到鲁地一户姓朱的人家。朱家是关东一霸，素以"任侠"闻名。此人很欣赏季布的侠义行为，尽力将季布保护起来。不仅如此，还专程到洛阳去找汝阴侯夏侯婴，请他解救季布。

夏侯婴从小与刘邦很亲近，后来跟刘邦起兵，转战各地，为刘邦建立汉王朝立下了汗马功劳。他很同情季布的不幸处境，在刘邦面前为季布说情，终于使刘邦赦免了季布，还封他为郎中。不久又任命他为河东太守。

当时，楚地有个名叫曹丘生的人，能言善辩，专爱结交权贵。季布原来和这个人是邻居，很瞧不起他，偏偏曹丘生听说季布又做了大官，一心想巴结他，特地请求皇亲国戚窦长君写一封信给季布，介绍自己给季布认识。窦长君早就知道季布对他印象不好，劝他不要去见季布，免得惹出是非来，但曹丘生坚持要窦长君介绍。窦长君无奈，只好勉强写了一封推荐信，派人送到季布那里。

季布读了信后，很不高兴，准备等曹丘生来时，当面教训教训他。过了几天，曹丘生果然登门拜访。季布一见曹丘生，就面露厌恶之情。曹丘生对此毫不在乎，先恭恭敬敬地向季布施礼，然后慢条斯理地说："我们楚地有句俗语，叫作'得黄金百两，不如得季布一诺'。您是怎样得到这么高的声誉的呢？您和我是邻居，如今我在各处宣扬您的好名声，这难道不好吗？您又何必不愿见我呢？"

季布觉得曹丘生说得很有道理，顿时不再讨厌他，并热情地款待他，留他在府里住了几个月。曹丘生临走时，还送他许多礼物。曹丘生确实也照自己说过的那样去做，每到一地，就宣扬季布如何礼贤下士，如何仗义疏财。这样，季布的名声越来越大。

在这个故事中，季布本来是很讨厌曹丘生的，但是曹丘生却依靠自己的温言相求，使季布冰释前嫌，这不能不说是语言的功劳。有谁会忍心拒绝别人的温语相求呢？正所谓"情之所至，金石为开"就是这个道理。

现代社会，求人办事的地方有很多，很多人因为怕麻烦都会冷言冷语地拒绝帮忙。此时，你大可不必懊恼，你完全可以另寻理由，温言相求。人都是有感情的，在你的温和"攻势"下他就冷不起面来拒绝你了。

● 乡音难改，游子情深

人都是有感情的，尤其是对故乡有着一种天然的割舍不断的情愫。如果游子在他乡遇到了自己的老乡，那么思乡之情就会油然而生，随之而来的就是对老乡的一种认同感。

阎锡山是山西五台人，当时山西就流传出一句话："会说五台话，就把洋刀挂。"阎锡山重用五台同乡，山西省政府的重要位置，大多被五台人占据。陈炯明是广东海丰人，他做了广东都督后，大用海丰人，省政府

里到处都听到海丰话。孔祥熙是山西人，他在金融系统重用山西人，理由则是"只有山西人会理财"……

所以，结交好老乡关系，对于帮助我们办事成功，作用不可低估。

那么，该怎样利用老乡关系呢？"乡音"就在这时派上了用场。

老乡与其他关系的不同之处就在于，老乡之间的关系是以地域为纽带的，有一份"圈子"内的情存在心上，既然是老乡，就必须有共同点存在于双方之间，而"乡音"又是一种最好的表达形式。

清末民初，有一位福建的小伙子下南洋谋生，身处异地，而他又身无分文，怎样才能干出一番事业呢？一个偶然的机会，小伙子听说当地有位小有名气的商人，老家也是中国福建的，细打听之下，小伙子惊奇地发现那位商人是自己的老乡。于是小伙子就大胆地找这位老乡求助。

小伙子当时根本就没有钱买礼物，但是他知道这位老乡很重乡情，于是在拜访他的时候特意用家乡话与他聊天。

后来，在这位老乡的帮助下，小伙子从小生意做起，逐渐做成了一番事业。

用家乡话做见面礼，可以说是独树一帜，它不需要物质上的东西。在这里有一点相当重要，那就是运用这种方法的场合，最好是在异乡，因为在异乡才会有恋乡情结，才会"爱乡及人"，这时再来个"他乡遇老乡"，哪有不欣喜之理。对方离乡愈久，离乡愈远，心中的那份情就愈沉、愈深。因此，越是这种情况，越要运用"乡音"这种技巧，你就会得到老乡所给你的种种好处。

如此看来，要与一个久离家乡的老乡处好关系，有一种特有效的技巧就是：运用你的语言技巧，与老乡谈起家乡的话题，以此来触动他的思乡情结，达到共鸣，从而使老乡之间的关系更进一层。

● 感激之情要溢于言表

中国是有着五千年文化传统的礼仪之邦，中国人向来是重感情的，但含蓄内敛的天性又使得我们不善于表达自己内在的感情。在人们的日常生活和社会交往中，"谢谢"这两个字具有非凡的社交魅力。

很多人并非不想表达他们的感激之情，只是不知道该如何开口，所以选择了沉默。还有些人，他们充满感情的表达却让对方感到不自在。善于表达，懂得说谢谢的社交高手总是在表达的时候让人感到内心的愉悦。

当然，在人际交往中，怎样说"谢谢"应注意以下几点。

1. 角色意识

不同的人心理是不同的。对什么人说"谢谢"和怎样说"谢谢"都很有讲究。因此，你在说"谢谢"时要讲究点"角色意识"。例如，小伙子对大姑娘表示感谢，要采取慎重的态度。那种说"谢谢你，想不到你一直在想着我"之类的话很容易造成误解。此外，感谢还要针对对方的不同身份特点而采取相应的方式。老年人自信自己的经验对青年人有一定的作用，青年人在表示感谢时，就应采取敬重的态度。比如说："谢谢您，您的这番话使我明白了许多道理……"这会使老年人感到满足，并对你产生好感，认为"这个小青年不错，孺子可教也"。对大一点的女性，感谢她们时，可以说："你真好！"这比简单地说"谢谢你"更好一些。

2. 言为心声

"谢谢"应该是心中一腔感激之情在语言上的自然流露。要做到声情并茂，语调欢快，吐字清晰，而不能含混不清、嘟嘟哝哝。而且说"谢谢"时，眼睛要看着被感谢人，脸上应有诚恳、生动的表情，并配以恰当的手势动作。不过，动作不要夸张死板。可以设想一下，您在感谢时，倘若手舞足蹈、举止轻浮，一下子拍拍对方的肩，一下子拉拉对方的手；或者表情木然，低着头或看着别人，那么，对方肯定会心生不快之感。

3. 注意场合

如果与对方单独在一起时，对他（她）表示感谢，一般会有好效果，也不会使被感谢人难堪。同时，还要注意双方的关系。例如，双方是一般熟人或同事关系，可以用直接"感谢您"、"非常感谢"之类的话。可用称赞语或陈述语来表达谢意。儿子对妈妈就可以说："妈妈，您真好，是天底下最好的妈妈。"

4.形式多样

感谢从不同的角度分，有不同的种类。有对对方个人的感谢，也有对对方单位的感谢；有对对方行为的感谢，也有对对方人品的感谢；有个人之间的感谢，有群体之间的感谢，还有国家之间的感谢；有语言的感谢，有礼物的感谢；有口头的感谢，有电话感谢，有信函感谢……应选用恰当的类型与渠道，例如做客时受到盛情款待，可以在第二天打电话表示感谢。如果是公事访问，可以在访问之后用电报信函方式表示感谢。

要记住：与别人交往时，"感激之情要溢于言表"，一声源自内心的感激，一定会赢得别人的心。此外，表达感激时最重要的是要端正自己的态度，表达你的感激时最好要专注地看着对方，这样你的话才显得是出于真心的，你的感情才显得真挚。

第二节 说话也要讲究方圆和谐

● 转着弯儿说话

在现实的交流当中，说话的双方都希望对方能对自己实话实说。但是，在某些特定的场合下，如顾及面子、自尊，以及出于保密等，实话实说就会令人尴尬，伤人自尊。但是实话又不能不说，这种时候就需要转着弯儿说话了。说的话既能够让人听得顺耳，又能够欣然接受。

古代就有这样的例子，当年孔子、孟子周游列国，见到了不少王公大臣，说了许多话。从记载的资料看，他们大都是实话巧说，娓娓道来，以理服人，以情动人，使那些有权有势的人接受了他们的主张。否则，他们是很难有活动的余地。《战国策》记载的《触龙说赵太后》，也是实话巧说的典范。触龙这位忠心为国、善于进谏的老臣，希望赵太后把她宠爱的公子放出去锻炼，增长才干，为国立功，将来才好在赵国安身。他很讲究说话艺术，先问寒问暖，再说到周围环境形势，需要人才，把情况说得合情合理，丝丝入扣，赵太后居然转怒为喜，并接纳了他的一些建议，从而达到了自己说话的目的。

古圣先贤们留下了一些转着弯儿说话的例子，当然，我们应该传承，另外还要研究这一门艺术，以便收到一般"实话直说"所收不到的效果。

在提倡实话实说的同时，也应当提倡迂回说话。

例如：小刘与小丁是一对不错的朋友，他们之间也都视对方为知己。

有一次，单位中的一个青年小王对小刘说："我总认为小丁这家伙为人有点太认真了，可以说是已经到了顽固的地步，你说是不是呀？"小刘听到小王的话后，顿然产生了一种厌恶感，当时小刘心里就想：你还说别人，你这小子在背地里贬损我的好朋友，你不觉得缺德呀？可是他也不好发作，于是就假装一本正经地反问道："小王，先问你一个问题，如果我在背后和你一起议论他的缺点，他要是知道了，那他会不会和我反目为仇呢？他又会怎么看你呢？"小王听了小刘那句话后，脸"刷"地就红了，也不再吭声了。

小刘用的就是委婉点拨的技巧，即侧面点拨。小刘在面对小王的发问，他并没有直接回答，而只是把话题转到另一个角度，他给小王出了一道难题，而他出的这道难题也正好起到点拨对方的作用，他既表明了"小丁是我的好朋友，我绝不会和你一起议论他"，在他的话中又隐含了对于小王在别人背后议论纷纷、贬损别人的不满。

同时，因为这种转着弯儿的说话方式比较委婉含蓄，所以不会给对方一个太难堪的局面。

再比如说，现在大部分的女孩子为显示自己有个性，就经常生男友的气。如果这个女孩又是父母的掌上明珠，或者是家庭兄长中的一个娇妹妹，她就更不能容忍他人对她的抱怨与不满了。可能也会有一部分痴情的男孩子会因为自己的哪一句话引起女朋友心中的不快，怕得罪自己的"小公主"，而忙不迭地向她赔礼道歉，甚至还会为了所谓的原谅而贬低自己，才能表示对恋人的忠贞。其实大可不必用这种方式，他完全可以转着弯儿说话。

晓晓是某厅长的千金，她和自己父亲单位的小刚谈恋爱时，总是显示出她在某方面的优越感。可能是因为小刚出生在农家，大学毕业时被分到某厅当科员，也没有什么靠山。晓晓总认为她这方面比他优越。

有一次，晓晓到小刚家做客，她总对小刚家人的某些生活方式流露出不顺眼的情绪，而且还不断地在小刚耳边嘀嘀咕咕地发牢骚。特别是吃过晚饭后，把小姑子使唤得团团转，一会儿让她烧水，一会儿又让她拿擦脚布，可以说是当作一个仆人用了。小刚心里很不是滋味。但也不宜直接说，他就借助这个机会笑着对妹妹说："要当师傅先当徒弟嘛！你现在可得加紧培训一下呀，将来你要嫁到别人家里时，也可以摆起师傅的架子来了。"

晓晓当然是个明白人，她从小刚的话中听出了他的本意，以后在小刚面前就没有表现自己的某些过分行为了。小刚就是在恰当的时机采取转着弯儿说话的方式来表示对晓晓的不满，他用一句"要当师傅先当徒弟"的俗话来提醒晓晓，这就避免了一些直接冲突，也表达对对方当时有点不满意，这不失为一种好办法。

实话实说，是大家都倡导的说话精神，但是在人际和社会关系极为复杂的环境中，光实话实说是远远不够的，我们还要学会转着弯儿说话。

● 巧用模糊语言

德国大哲学家康德在 18 世纪就说过："模糊观念要比清晰观念更富有表现力……我们并不总是能够用语言表达我们所想的东西。"到 1965 年美国数学家查德从科学意义上研究了"模糊"这个概念，使人们对数学中模糊性与精确性的关系取得新的认识，他认为：任何事物都在不断地运动、发展、变化中存在。其过渡的、中介的形态是难以绝对精确判定的；同时各个事物之间的相互联系、渗透、转化的形态，也是无穷多样，往往是亦此亦彼的，所以事物只有在它的中心是明晰的，它的周缘地带都是模糊的。这一观点被现代语言学家所接受，形成模糊语言学。

鲁迅讲过一个故事：一户人家生了个男孩，全家高兴透了，满月的时候抱出来给客人看，有的说："这孩子将来要发财的。"说的人得到一番感谢。有的说："这孩子将来要做官的。"说的人得到了几句恭维。有的说："这孩子将来要死的。"说的人一定会得到大家合力的痛打。说要死的必然，说富贵的说谎，但说谎的得好报，说必然的遭打。那么既不愿谎人，也不愿遭打，就只能说："啊呀！这孩子呵，您瞧！多么……阿唷！哈哈！"鲁迅这里讲了模糊语有时出于情势所迫，无法说真话，就只能打哈哈。而从我们这里来看，打哈哈也包含了幽默机智的情趣。这就是我们要讲的模糊语言法。

所谓模糊语言法就是指在能够把话说得更确切一些的情况下，故意采取模糊表述，以回避一些不便回答的问题，打马虎眼，使对方摸不清虚实。

楚灭秦时，楚怀王分兵两路，东路由项羽率领70万兵马，西路由刘邦率10万兵马，同时向关中进发，事先约定：谁先进关谁为关中王。

结果刘邦先进关中，项羽自恃兵多势众，不服刘邦，欲设计害之。项羽自尊为西楚霸王，封刘邦为汉王，打算让刘邦到南郑去。谋士范增极力反对，他说："那地方内有重山之固，外有峻岭之险，让刘邦去，岂不是放虎归山？"

项羽反问："那有什么办法杀他呢？"

范增献计说："等刘邦上朝，大王问他：'寡人封你到南郑去，你愿不愿去？'如果他愿去，你就说：'我早知道你愿去，那里是养兵练将，积草屯粮的好地方，养足了锐气好与我争天下，对不对？这就证明你有反我之心。绑出去杀了！'如果他不愿意去，你就说：'我知道你不愿去的，本来楚怀王有约在先，谁先入关谁为关中王，叫你去南郑，你怎么会愿意呢？既然不愿去，就是要在这里反我。与其如此，不如现在就把你杀了。来人，绑出去斩首！'想他刘邦难逃灭顶之灾了。"

一番话说得项羽连连点头称是。密谋之后，项羽便召刘邦上殿。

项羽是个有勇无谋、沉不住气的人，他一见刘邦，便迫不及待地问道："寡人封你到南郑去，你愿意不愿意去？"

刘邦见项羽问得这么急迫，不免心中纳闷。虽然愿去，但不敢表白，于是他回答说："大王，臣食君禄，命悬乎于君。臣如陛下坐骑，鞭之则行，收辔则止，臣唯大王之命是听。"

刘邦这种模棱两可的话，完全出乎项羽的意料，他没听出刘邦到底是想去还是不想去。项羽只好说："你要听我的，南郑你就不要去了。"

刘邦连连拜谢说："是，臣遵旨。"

在上例中，刘邦就是巧妙地利用模糊语言救了自己的一条命。这里，范增利用"两难选择"，企图陷刘邦于进退两难、莫衷一是的境地，然后假名杀之，其计策真可谓刁毒。然而，刘邦则更为高明，他巧于心计，见项羽问得急，估计事出有因，于是运用模糊语言应对，并借此表白自己俯首听命于君，这就使项羽不知他心里想的是什么，无法确定他到底愿意还是不愿意去，当然也就不好杀他了。

● 活用"谎言"说服别人

谎言有时也是一种权宜之计，为了让事情的发展趋向自己的期望，有时我们不得不使用"谎言"来达成。在某些情况下说谎是可以被接受的，我们姑且称之为"善意的谎言"吧！在此举一个传说为例。

很久以前，在印度的一个小山村里有个很富裕的长者，他拥有一栋豪华住宅。有一天，在长者外出时，他的豪宅突然着火了，火势蔓延得很快。长者的宅院虽然很大，但却只修建了一扇门。这突如其来的大火使家人们都很慌张，一个个争先恐后从屋里逃到了门外。长者惊闻火灾后迅速赶回家来，但却发现他的儿子们尚未逃出来。

此时房子已经陷入火海中，木柱和方梁都燃起了火苗，灰烬也不停地往下掉。长者爱子心切，奋不顾身地冲进了火海中。他在火海中搜寻儿子们的身影。在一间屋子的角落里，他找到了自己的儿子们。那几个精力旺盛的孩子还没感觉到危险正向他们逼近，他们的玩兴正浓着呢！长者想冲进去将他们救出来，但无情的大火在他的面前形成了一道火墙，火势越来越猛，根本无法往前再踏近一步。情急之下，长者大声喊叫起来：

"孩子们，失火了！失火了！快点出来啊！"

但他的呼唤对还不懂事而且玩得正高兴的孩子们来说丝毫没有发挥作用，如果不能马上救孩子们逃离火海，那他们势必会被烧成焦炭。就在千钧一发之际，长者突然想起孩子们这几天一直在吵着要漂亮的嘟嘟车（儿童玩具），因此抱着姑且一试的心理向孩子们大喊：

"孩子们，你们不是想要漂亮的羊车、鹿车和牛车吗？现在我买回来了，正放在门外要给你们喔，快出来拿啊！"

困在火海中的孩子一听到父亲带回自己想要的羊车、鹿车和牛车，马上雀跃不已，争先恐后地冲出火海，一下子便冲出大门。此时，偌大的房屋终于承受不了大火的燃烧而倒塌了。

　　这个出自《法华经》第三章中的"三车火宅"传说，内容浅显易懂，同时也说明了善意谎言的必要性。同样是想救出孩子，但长者的真话却没有引起孩子的注意，可是"一个谎言把孩子们从火海中救了出来"。这个谎言就是所谓的权宜之计。所以，在必要时说谎是可以被原谅的。

　　生活中许多时候都需要这样的谎言，如果你的父母罹患癌症，生命危在旦夕，可你却不能向他们说出实情，只好编一些美丽的谎言，借以隐瞒事实，以期老人家在最后的日子里能快乐地度过。换言之，也正因为有了美丽的谎言，才使得老人家在病痛中能充满希望地顽强支撑。

　　美丽的谎言可以避免不必要的麻烦，并常常具有意想不到的作用。但在准备说谎时千万要想清楚，这个谎言是"善意的"还是"恶意的"，希望美丽的谎言能助你一臂之力。

● 说话要有点"眼力见儿"

　　所谓说话要有点"眼力见儿"，就是指能随机应变地转移话题，无论在什么场合，只要勇敢镇静，诙谐风趣，巧妙地、适时地、适当地转换话题，又妙语惊人，谈吐不凡，便可收到立竿见影的效果。否则"盲人骑瞎马"，一条道走到"黑"，一个劲地往死胡同里钻，其后果是"夜半临深崖"。

　　就拿药店为例。每个药店的营业员向顾客提供服务都需要有一个前提，这就是讲究接待方法。也就是在说话的时候要有点"眼力见儿"，针对不同的顾客需求，做出相应的回答。在药店的顾客中，女性就占据了"半边天"，营业员如果能接待好女性顾客，则能把销售范围扩大到"半边天"之外，因为那些女性不仅为自己购药，而且还经常为孩子买药，因为她们毕竟都是家庭主妇，在家里的一些小事情都归她们管理，所以对女性顾客的接待至关重要。

　　营业员说话要有"眼力见儿"，特别是在接待女性顾客的时候，因此在接待的时候要看看女性的年龄、职业及表情。通过观察，对于不同年龄、不同要求的女性顾客要运用不同的接待方法，而且在与她们交谈的时候要有分寸，而且还要把进店的每一位顾客都视为自己的亲朋好友，因为那样就容易极自然地做到主动、热情、文明、周到的服务了。

在一般情况下，妇科用药和儿科用药是女性顾客购买较多的药品。在接待方法上要有一定的针对性，对不同年龄段的女性要针对其本人实际情况采取不同的接待方法才行，特别是对年龄较轻、购药时表情犹豫不决或难以启齿的顾客，要采用低声询问、个别服务的方法。对文化素质较高者，可备好详尽的药品说明书，让其自己看，此时是"无声胜有声"，但需对药品的不良反应、注意事项适时地提示或忠告。对文化程度较低者要主动、热情、文明、周到地介绍药品功效、使用方法、不良反应、注意事项等。

如此一来，才能急顾客之所需，真正为顾客做一些事情，赢得顾客信任。

所以，在与别人交往时，说话要有点"眼力见"，这样才能获得别人好感，加深别人的印象。

● 赞美上司

据说，有个技艺高超的理发师给宰相理发。理发师给宰相修面刚到一半时，不留心把宰相的眉毛给刮掉了。

这可闯下大祸了！理发师心里暗暗叫苦，窘态顿生。要知道，如果宰相怪罪下来，那可要"吃不了兜着走"！情急之中，他灵机一动，连忙停下剃刀，故意两眼直愣愣地看着宰相的肚皮，仿佛要把他的五脏六腑看个透。

宰相见他这模样，感到莫名其妙，迷惑不解地问道："你不修面，却老看我的肚皮，为何？"理发师忙解释说："人常说，宰相肚里能撑船，我看大人的肚皮并不大，怎么能撑船呢？"宰相一听，哈哈大笑，对他解释说："那是说宰相的气量最大，对一些小事情都能容忍，从不计较。"

理发师接住宰相的话茬，"扑通"一声跪在地上，声泪俱下地说："小的该死，方才修面时不小心，将相爷的眉毛刮掉了！相爷肚里能撑船，请万望恕罪。"宰相一听，不禁勃然大怒，正待发作，但又冷静一想，自己刚才讲过宰相气量最大，怎能如此矛盾，为这小事，将他治罪呢？

于是，无可奈何的宰相便装出一副豁达温和的样子，赦免了这位理发师。

由此可见，在现实生活和工作中，由于种种原因，难免自觉或不自觉地陷入一种尴尬的境地。这种时候，如果自己心慌意乱、手足无措，处理不好，往

往会给自己与他人带来更大的不安和麻烦。反之,如果你能利用自己的聪明才智,巧妙运用溜须拍马的技巧和策略,化解尴尬的局面,定会使你摆脱尴尬。

在工作中,作为下属,如果能适时地对上司进行"恭维",那么工作也能变得顺利多了。虽如此,但这也是一门微妙的艺术,是下属获得老板信任的主要方法之一。当然这种"恭维"是指恰当的赞美。

对上司进行赞美时,如果内容与事实不符,或者过分称赞,都会让老板听起来肉麻,让其他人听起来反胃。

所以对上司进行赞美时,要注意掌握火候,尽量做到恰到好处。专家认为:恰到好处的赞美具有"魔术般的力量",是"创造奇迹的良方"。

还记得贾府那个能说会道的媳妇王熙凤吗?《红楼梦》讲到林黛玉初进贾府,王熙凤对林黛玉的一番赞美就是一个十分精辟的例子:

当王熙凤初次见到黛玉时,当着贾母与众人的面夸道:"天下真有这样标致的人物,我今儿才算见了!况且这通身的气派竟不像老祖宗的外孙女儿,竟似个嫡亲的孙女,怨不得老祖宗天天口头、心头一时不忘。"

一句话逗得贾母直乐,还同时取悦了三方人士。既是像嫡亲孙女,又有大家风范,那真正的嫡亲孙女迎、探、惜春自然也非俗物,而这些又都源自贾母的优良遗传,可见贾母当年也是不同凡响,通身气派,乃大家之闺秀者也。一面夸了黛玉的美丽风流;一面又没有得罪贾母的三个亲孙女:迎春、探春和惜春;还拐了弯儿地称赞了贾母。

如此简单的一句话,竟被王熙凤说得如此曲折、恰到好处,又火候适宜;还让听的人,人人高兴舒服,欢喜非常;自己又显得不卑不亢,不媚不谄……真是令人忍不住拍案叫绝。

赞美体现着一个人的内在修养。因此,赞美上司的时候,要让老板觉得你是发自内心的、真诚的,千万不要让上司觉得你是在过分恭维,是抱着不可告人的目的。

试想一下,如果你恰如其分地在背后对你的上司赞美,那么当你的上司听到你的赞美时,或者当这个信息传到他的耳朵里时,他的自尊心就会得到满足,并对你产生好感。即使在表面上不便说什么,但在内心深处,你的上司已经加倍喜欢你了。

第三节 用赞美的话拉近与他人的距离

● 真诚是赞美的内核

有一次一群朋友在一起聚会，吃饭的时候，大家交换名片，其中有一位来自报社，另一位试图对其进行称赞，一看是报社的，便稀里糊涂地说："哇，您是有名的大作家！"人家问："我怎么有名？"他说："我每次都看见您写的文章。"人家说："我的文章都在哪里？"他说："每次都是头版头条啊！"然后人家告诉他："真的吗？我是专门写讣告的。"讣告能总在头版头条吗？显然是虚假的赞扬，引起了别人的反感。但是这位先生仍然没有意识到自己的错误，看到旁边有一位小姐，聊了没几句，本来这位小姐长得很胖，他说："小姐，您真苗条！"小姐说："什么，说我苗条，我知道你是在骂我。"

不真诚的赞扬，给人一种虚情假意的印象，或者会被认为怀有某种不良目的，被赞扬者不但不感谢，反而会讨厌。言过其实的赞扬，不能实事求是，会使受赞扬者感到窘迫，也会降低赞扬者的水准。虚情假意的奉承对人对己都是有害而无利的。

赞扬他人是一种能力，是根据心理学和组织行为学研究出来的，这是职场上的一种能力，不等于溜须拍马，溜须拍马可以说是虚假的，但赞扬

必须是真诚的发自于内心的实话。有一句话大家记下来：真实的赞扬是拂面清风，凉爽怡人；虚假的赞扬像给人吃大块的肥猪肉，让人烦腻不堪。

真诚的赞美和"拍马屁"最大的区别在于是否发自内心。真诚的赞美起源于内心深处的一种"美感"、一种冲动，它反映了一个人对另一个人的认可：外表漂亮，言谈合自己的口味，行动敏捷，品格高尚……即在两个人之中，其中一个人在另一个人身上发现了符合自己理想和价值标准的可贵之处。我们认识这个人、了解这个人的时候，已经有一种无形的力量促使自己要去赞美他的一些优点。

但是"拍马屁"却不同，它不是发自内心地对另一个人的认可和钦佩，而是基于内心世界早已存在的一种目的，一种对眼前或日后能够收到"回报"的投资。"拍马屁"者在"赞美"他人的时候，脸上虽眉飞色舞，但却有几分不自在；他的词语是火辣辣的，但他的内心却是一片冰冷。他在赞美一个人的时候，心里想着的只是如何顺利办完对自己利益攸关的事，如何获得自我满足。

因此，真诚成为赞美与拍马屁的分界线，它是赞美的必要组成元素。

真诚的赞美应该是合乎时宜的，在合适的氛围里发出的赞美会让人内心明亮，灿烂无比。当别人感觉到你的赞美是由衷的，那赞美的话就很容易被接受。

大音乐家勃拉姆斯是个农民的儿子，生于汉堡的贫民窟，没有受教育的机会，更无从系统地学习音乐，所以，对自己未来能否在音乐事业上取得成功缺乏信心。然而，在他第一次敲开舒曼家大门的时候，他一生的命运就在这一刻决定了。当他取出他最早创作的一首《C大调钢琴奏鸣曲》草稿，手指无比灵巧地在琴键上滑动，弹完一曲站起来时，舒曼热情地张开双臂抱了他，兴奋地喊道："天才啊！年轻人，天才……"正是这出自内心的由衷赞美，使勃拉姆斯的自卑消失得无影无踪，也赋予了他从事音乐艺术生涯的坚定信心。在那以后，他便如同换了一个人，不断地把心底里的才智和激情流泻到五线谱上，成为音乐史上一位卓越的艺术家。

正是这一句由衷的赞美，创造了一位音乐大师。在合适的氛围里，发出由衷的赞美，会有意想不到的效果。

由衷的赞美是源于心灵深处的，它是深刻而强烈的；要入木三分地表达出来，将是绝佳之语。对于发自内心的由衷之感，尽量用准确、贴切、深刻、生动、完整的赞语去说出来。

● 赞美的话并不是多多益善

一个气球即使再漂亮再鲜艳，吹得太小，也不会好看；吹得太大则容易爆炸。赞美就如吹气球，应点到为止，适度为佳。

哥尔多尼曾说过："过分的赞美会变成阿谀。"因此在赞美他人时一定要坚持适度的原则。夸奖或赞美一个人时，有时候稍微夸张一点更能充分地表达自己的赞美之情，别人也会乐意接受。但如果过分夸张，你的赞美就脱离了实际情况，让人感觉到缺乏真诚的东西在里面。因为真诚的赞美往往是比较朴实的，发自内心的。只有恭维、讨好才是过分夸张和矫揉造作的。

要做到点到为止、褒扬有度是有技巧的。

1. 比较性的赞美

两个人或两件事相比较，在夸奖对方的同时，让他意识到自己的优点和存在的差距，使对方对你的赞美深信不疑。有一次，汉高祖刘邦与韩信谈论诸将才能高下。刘邦问道："你看我能指挥多少兵马？"韩信回答："陛下至多能指挥十万兵马。"刘邦又问："那你能指挥多少兵马呢？"韩信自豪地回答："臣多多益善耳。"刘邦笑道："既然你带兵的本领比我大，却为什么被我控制呢？"韩信很诚实地说："陛下不善于指挥兵，但善于驾驭将，这就是我被陛下控制的原因。"刘邦自己也曾说过，统一指挥百万军队，战无不胜，攻无不克，他不如韩信。这是他做了皇帝以后对自己的评价。韩信的赞美，首先肯定了刘邦控制大臣为自己效命的能力，但又指明了他在带兵作战方面与自己相比有不足之处，正与刘邦的自我评价相吻合。话说得很实在，很坦诚，刘邦不但不怒，反而很满意。此时，韩信与刘邦关系已很紧张，如果他违心地恭维刘邦，调兵遣将无所不能，恐怕刘邦不

愿意听，甚至会怀疑他在吹捧、麻痹自己。

2. 根据对方的优缺点提出自己的希望

金无足赤，人无完人。有所保留的赞美应既要看对方的优点和长处，同时还要看到他的弱点和不足，讲究辩证法。常言道："瑕不掩瑜。"指出对方的缺点和不足，并提出一定的希望，不仅不会损害你赞美的力度，相反，却使你的赞美显得真诚、实在，易于被人接受。尤其是领导称赞下属时，要有一是一，有二是二，把握分寸，要有所保留。可以多用"比较级"，千万慎用"最高级"。领导可以在表扬时，把批评和希望提出来。

有效的赞美不应该总是绝对化。像"最好"、"第一"、"天下无双"这类的帽子别乱戴。有个企业的广告词说："只有更好，没有最好。"就显示了企业的真诚承诺，而不是哗众取宠，华而不实，在消费者中影响很好。实际上，一般人都对自己有个客观的认识和评价，如果你的赞美毫无遮拦，就会让人感觉你曲意奉承，难以接受。赞美时必须记住：一个人的成绩和优点毕竟是有限的。许多伟人看自己时，也都是有所保留。毛泽东曾说过，他能够做到三七开就可以了，更何况一般人呢？因此，赞美别人，应当一分为二，有成绩肯定成绩，有不足也要说明不足，控制好赞美的度。

过分的夸张对于被赞美者来说也是百害而无一利的。高尔基曾经说过："过分的夸奖一个人，结果就会把人给毁了。"因为过分的夸奖，往往会使被赞美者不思进取，误以为自己已经是完美无缺了，从而停止前进的脚步。众所周知的方仲永，小的时候因为天资聪慧，于是别人就称其为天才，其父则四处带他去走访宾客，结果等到他长大以后，泯然众人矣，跟别的人没有什么两样了。

● 赞美要分清对象

人人都懂得赞美别人的重要性，但是赞美也要分清对象，主要表现在对男人和女人的赞美的差异上。

男人要面子好虚荣，多表现在追逐功名、显示能力、展示个性以显潇洒和能人之形象方面，而女人则表现在对容貌、衣着的刻意追求或身边伴个白马王子以示魅力方面。女性对于面子、虚荣还有几分保留，而男子则是全力以赴去追求面子，好似他的人生目的就是追求面子一般。

因此赞美他人时要分清对象，对男人和女人的赞美要区别对待。

赞美女性最好是去发掘她的气质、能力或性格；你还可以赞美女人的修养。有许多女人，虽然长得漂亮，但是缺乏修养，没有内涵，稍一相处，便会让人感到俗不可耐。因而，花瓶式的女人虽然可赢得一时的赞美，却不能使男人长久地爱慕她，更无法获得男士的尊敬，而一种好的气质，则可以使一位非常普通的女人变得十分迷人，令人心驰神往。因为一个女人的修养是一种内在美、精神美、升华美，它可以永久地征服一个男人的心。

作为男人更要会赞美女人，要能够做到张口也赞、闭口也赞。这样，你才能在女人面前受欢迎，使你魅力无穷。

男人赞美女人是对女人价值的肯定，更是对女人魅力的一种欣赏。在男人眼里，女人身上总有美丽动人之处，或者是皮肤细腻，或者是身材苗条，或者是眉目含情，或者是穿着得体。所以你一定要善于去发现、去捕捉她的美。许多女人都会对自己的缺憾有所了解，但她们更了解自己的最动人之处，只要你能慧眼独具，赞美得体，一定会博得她的赏识与青睐。

现时代注重个性，夸赞一个女人有个性已成了一种时尚。固执的性格可当此人有个性来赞，孤傲的性格也可以用有个性来赞，像男人一样不拘小节、有些泼辣的女性也能用有个性来赞。只要是稍稍区别于大众的性格，你用个性二字来赞她，无论是哪种女性，她都会觉得你这个人很有品位。

最后，你还可赞美女人的能力。现代社会，在各种事业中女人都表现出了她非凡的能力。她们不仅能把自己分内的事完成得十分出色，还会凭她们细心的洞察力去发掘工作中出现的问题，把各部门的事情都安排得十分妥当，工作能力大大地超越了男性。而女人在取得很大的成就时，她是需要被这个社会所肯定的。她们希望这个社会能认同自己，肯定自己的能力，也希望在男人眼中她们不再是处处依附于男人的人，而是能够独当一面，把事情处理得完好无瑕有能力的人。于是，她们就需要男人的赞美，希望自己所做到的，能够得到男人的认同与赏识。如果，

你是她的老板、上司，或是同事，你可千万别忽视她的业绩，常常激励她、赞美她，换取她更大的工作积极性吧。

除此之外，生活中女人们的能力也值得一赞。日常家务，如烧饭做菜，收拾房间，照顾孩子，这些虽是一些细小的事情，但却能表现出女人的动手能力、审美能力、教育能力。只要你在日常生活中也不忘记赞美一下女性，你定会得到女性们一致的好评。

但是你要记住的是，女人喜欢甜言蜜语，但并非是喜欢太过花哨的话，所以赞她时多用些实际的语言，不用刻意去修饰，不然会让人觉得你很肤浅。

上面说的是对女人的赞美，其实对于男人来说，赞美同样重要。他们一样喜欢听到他人对自己的肯定和赞美，因为这会让他们有一种成就感，并由此充满自信。可以说，恰到好处的赞美是打在男人身上的一剂强心剂。你可以从以下几个方面来打造对男人的赞美之词。

1. 赞美他是成功的男人

由于传统社会对男性角色的定位是挑家立业者，使得男人非常在乎自己在别人心目中的形象，任何人对他的工作做出的评价都会让他反应敏感。因此，无论男人从事的是怎样的工作，他都希望能得到别人的认同。

不过你得注意，不管一个男人有多成功，多得意，他内心深处最渴望的还是别人的理解和关怀。一般的理解和关怀都是无可厚非的，可一定要注意把握"度"的原则。过犹不及，说得太夸张、太过分、太直白，就会被人当成追逐名利、爱慕虚荣的女人，会成为男人心底讨厌的势利女人。因此，即使是赞美，也要掌握分寸。通常从以下几个方面入手来赞美别人，是比较容易被接受，而且会收到预期效果的。

第一，在赞美男人的同时，注意表达关心与体贴。关心与体贴是女人善良天性的表现，也是女人细腻温柔的体现。女人的关心，有如吹面而过的柔和的春风，又如沁人心脾的淡淡花香，会在不知不觉中悄悄渗入男人的心灵之中，融化他们的心怀。男人们最喜欢的是那种会关心、会体贴、善解人意的女人，女人的关心和温柔会让男人从心底感激她。以前，曾有人这样赞美过别人：

"张老师，您那本书写得真好，没少花工夫吧？您可得注意休息了，瞧您现在比以前瘦多了。"

"刘总，这么大的工程，您一个人给搞定了，可真了不起！不过您可要注意身体呀，别光为了工作，累坏了自己。"

这些又温馨又充满敬仰与关切的语句，怎么能让男人不动心，不打心底感激，不视女人为自己的知己呢？

第二，在赞美男人的时候，恰当地表达出崇拜的思想。不管男人还是女人，都希望有人崇拜自己，都希望被人用尊敬、仰视的眼光看待，这也是人之常情。被人崇拜是无法拒绝的，被人崇拜意味着对"自我"的肯定，是一种人生价值的体现。对一个春风得意的人来说，他最自豪的是"自我"，也就是他的成功之源。

第三，别忘了在赞美的同时予以鼓励。一个女人鼓励一个男士，既是对他过去的肯定，对他以前创业生涯的一种肯定，又是对他未来充满信心的一种表现。人在任何情况下都是希望有支持和鼓励的，人不仅对自己有信心，更需要别人对自己有信心。现在的社会，竞争激烈，压力大，成功是需要付出很大代价的。一个成功的、春风得意的男士，即使在一定程度上达到了自我价值的展现，但也还是需要鼓励的，尤其需要别人对他有信心。

还有一些男士，春风得意的时候，往往会在别人的一片颂扬声中沾沾自喜、自高自大、忘乎所以，而女性委婉的激励，有时就像一剂良药，给头昏脑热的春风得意者一点不动声色的提醒，进一步促使他冷静和激起他投入下一次竞争的热情。

2. 赞美他是一位绅士

所谓风度，是男人在言谈举止中透出的一种味道。不要以为男人真的是散淡随意、潇洒不羁的，其实他们很在乎别人对自己举止的评价。曾经有一位女士说起她和男友分手的原因，只因为她在一次朋友聚会上调侃了男友的局促，就大大伤了对方的自尊心，扔了句："既然你认为我没风度，那么分开好了。"

事实也如此，行动比语言更有说服力，只有当女方对对方的举止言谈很满意、很欣赏时，女方才会爱上他。而在这方面赞美男人的聪明之道，也是拿他和别的男人比较，表现出你的欣赏。一位范先生说："有一次，我和女友乘出租车，下车后我替她打开车门，她说她以前遇到的男人从不知道什么是绅士风度。这句话极大地满足了我的自尊心，也让我觉得自己是个很受欢迎的男人。"

3. 赞美他仪表堂堂

许多男性承认，他们在关注女人闭月羞花之貌的同时，也希望自己貌比潘安。但是同样因为社会角色定位，男人特别害怕女人把他们当作绣花枕头，因而他们对女人对他们外在形象的夸赞是特别敏感的，让女人爱听的"你长得真漂亮"、"你穿得真好看"之类的话，会让男人觉得特别不舒服。按他们的理解，这里透着一种嘲讽，好像说："你有些娘娘腔，你怎么像女人一样爱打扮。"

所以说，要真的想对男人表达你对他外形的欣赏，还需审时度势。但你可以对他的某个部位做出较高的评价，例如，你的鼻子好有个性等。

另外在赞美一个男士的时候，有一点特别忌讳的是，不要当着这位男士的面大肆指责他的竞争对手，这样做也许当时能让这位春风得意的男士十分高兴，但过后，他就会清楚地意识到这种以贬低一个人来衬托另一个人的手法是多么的笨拙，并且让人感到的只是巴结和恭维。所以，建议那些想要锦上添花的朋友，一定注意，添花要小心，要把握好分寸，不要弄巧成拙，以免遭人反感。

● 赞美最好有新意

人人都有自己的长处，也都有短处。人们一般都希望别人多谈自己的长处，不希望多谈自己的短处，这是人之常情。跟初识者交谈时，如果直接或间接赞扬对方的长处作为开场白，就能使对方感到高兴，对你产生好感，交谈的积极性也就得到了激发。

有一个周游世界的妇女，她走到哪个国家，都会立刻结识一大群的朋友，一个青年问她其中的秘密，她说："我每到一个国家，就立刻着手学习这个国家的语言，并且只学一句，那就是'美极了'或者'漂亮'这句话，就因为我会用各种不同的语言表达这个意思，所以我的朋友遍天下。"

说一句简单的赞美话，实在不是一件难事，只要你愿意并留心观察，处处都有值得你赞美的地方，适时说出来，会产生意想不到的效果。

法国总统戴高乐 1960 年访问美国时，在一次尼克松为他举行的宴会上，尼克松夫人费了很大的劲布置了一个美观的鲜花展台——在一张马蹄形的桌子中央，鲜艳夺目的热带鲜花衬托着一个精致的喷泉。精明的戴高乐将军一眼就看出这是女主人为了欢迎他而精心设计制作的，不禁脱口称赞道："女主人为举行一次正式宴会要花很多时间来进行这么漂亮、雅致的计划和布置啊。"尼克松夫人听了，十分高兴。事后，她说："大多数来访的大人物要么不加注意，要么不屑为此向女主人道谢，而他总是想到和讲到别人。"并且，在以后的岁月中，不论两国之间发生什么事，尼克松夫人始终对戴高乐将军保持着非常好的印象。可见，一句简单的赞美他人的话，会带来多么好的反响。

别人都没注意到的地方，戴高乐却注意到了，并毫不含蓄地将他的欣赏表露出来，这能叫尼克松夫人不感激在心吗？因此，我们对陌生人加以赞美时，如果能悉心挖掘那种鲜为人赞的地方，对方会非常开心，陌生人很快就变成挚友。这一点，你完全可以向一位聪明的女人讨教，她就是因为拍了《真善美》而红遍天下的影星茱莉·安德鲁丝，她除了演技好、容貌美、歌声令人陶醉之外，还有一张聪明伶俐的嘴。

有一天，她去聆听鼎鼎大名的指挥家托斯卡尼尼的音乐会，就在音乐会结束之后，她和一些政要名流一起来到后台，向大指挥家恭贺演出的成功。

大家都夸奖指挥家"指挥得实在是棒极了！""抓住了名曲的神韵！""超水准的演出！"

大指挥家一一答谢，由于疲累，而且这种话实在是听得太多了，所以脸上显出有些敷衍的表情。忽然，他听到一个高雅温柔的声音对他说："你很帅！"抬头一看，是茱莉·安德鲁丝。大指挥家眼睛亮了起来，精神抖

撒地向这位美丽的女士道谢。

事后，托斯卡尼尼高兴地到处对人说："她没说我指挥得好，她说我很帅哩！"恐怕大指挥家还是头一回听到有人赞美他帅呢！

就这样，大指挥家把茉莉当成了挚友，时时去为她捧场。虽然只是一次见面，大指挥家就时常抱怨与她"相见太晚"。

● 背后赞美更有力度

世上背后道人闲话的人不少，大家都很清楚，被说之人一旦知道便会火冒三丈，轻则与闲话者绝交，重则找闲话者当面算账。因此，人们都引以为戒，不要犯背后说他人闲话的忌讳。但是，背后说人优点，却有佳效。

《红楼梦》中有这么一段描写：史湘云、薛宝钗劝贾宝玉做官出仕，贾宝玉大为反感，对着史湘云和袭人赞美林黛玉说："林姑娘从来没有说过这些混账话！要是她说这些混账话，我早和她生分了。"

凑巧这时黛玉正来到窗外，无意中听见贾宝玉说自己的好话，不觉又惊又喜，又悲又叹。结果宝黛两人互诉肺腑，感情大增。

在林黛玉看来，宝玉在湘云、宝钗、自己三人中只赞美自己，而且不知道自己会听到，这种好话不但是难得的，还是无意的。倘若宝玉当着黛玉的面说这番话，好猜疑、使小性子的林黛玉可能就认为宝玉是在打趣她或想讨好她。

背后说别人的好话，远比当面恭维别人或说别人的好话，效果要明显好得多。不用担心，我们在背后说他人的好话，是很容易就会传到对方耳朵里去的。

赞美一个人，当面说和背后说所起到的效果是很不一样的。如果我们当面说人家的好话，对方会以为我们可能是在奉承他，讨好他。当我们的好话是在背后说时，人家会认为我们是出于真诚的，是真心说他的好话，人家才会领情，并感激我们。假如我们当着上司和同事的面说上司的好话，我们的同事们会说我们是在讨好上司，从而容易招致周围同事的轻蔑。另外，这种正面的歌功颂德所产生的效果是很小的，甚至还会有起到反面效果的危险。同时，上司脸上可能也挂不住，会说我们不真诚。与其如此，还不如在上司不在场时，大力地"吹捧一番"。而我们说的这些好话，最终有一天会传到上司耳中的。

有一位员工与同事们闲谈时，随意说了上司几句好话："梁经理这人真不错，处事比较公正，对我的帮助很大，能够为这样的人做事，真是一种幸运。"这几句话很快就传到了梁经理的耳朵里，梁经理心里不由得有些欣慰和感激，而那位员工也在梁经理心里树立起了良好的形象。就连那些"传播者"在传达时，也忍不住对那位员工夸赞一番：这个人心胸开阔、人格高尚，难得！

在日常生活中，背着他人赞美往往比当面赞美更让人觉得可信。因为你对着一个不相干的人赞美他人，一传十，十传百，你的赞美迟早会传到被赞美者的耳朵里。这样，你赞美的目的也就达到了。

在日常生活中，如果我们想赞扬一个人，不便对他当面说出或没有机会向他说出时，可以在他的朋友或同事面前，适时地赞扬一番。

据国外心理学家调查，背后赞美的作用绝不比当面赞扬差。此外，若直接赞美的力度不足会使对方感到不满足、不过瘾，甚至不服气，过了头又会变成恭维，而用背后赞美的方法则可以缓和这些矛盾。因此，有时当面赞扬不如通过第三者间接赞扬的效果好。

多在第三方面前去赞美一个人，是你与那个人关系融洽的最有效的方法。假如有一位陌生人对你说："某某朋友经常对我说，你是位很了不起的人！"相信你感动的心情会油然而生。那么，我们要想让对方感到愉悦，就更应该采取这种在背后说人好话、赞扬别人的策略。因为这种赞美比一个魁梧的男人当面对你说："先生，我是你的崇拜者。"更让人舒坦，更容易让人相信它的真实性。

● 推测性赞美，妙上加妙

借用推测法来赞美他人，虽然这种方式有一定的主观意愿性，未必是事实，但是能从善意的想象中推测出他人的美好东西，就能给人以美

好的感受。

有个善良的小女孩，总觉得自己长得丑，总是含羞草似的低着头，就连圣诞节也不例外。就在圣诞节这天，因为低着头走路而撞倒了一个老人，一个白发苍苍的盲人。

小女孩吓了一跳，赶紧说了声"对不起"，她的声音挺小，一听就充满了深深的自责。于是，盲人说了一句："没关系。"

女孩儿挺感动，赶紧扶起老人："老爷爷，是我把您碰倒的，我……我挽着您，送您回家，好吗？"女孩儿的声音挺甜，细细的，像一阵柔柔的风。

但盲人却摇了摇头："不，孩子。听声音你就特别善良。你一定长得很美……"那个"美"字说得挺明亮，使女孩听了怦然心动。

"可我……"小女孩一时不知说什么好。

"去吧，孩子。"老人觉察到小女孩还站在自己面前，真诚地对她又叮嘱了一句。

小女孩很感动，深深地点了点头。她已坚信对方能看到写在自己脸上的深深的歉意。

老人转过身，用拐杖敲着地面，走了。

小女孩的眼里流出了一行热泪。她感激那位老人，居然那么真切地夸她"美！"

她看着老人——就这么站着，站着，泪汪汪地看着老人离去的方向。过了好长时间，小女孩才从梦幻般的感觉回到现实中。

也就是打这天起，她走路时也抬起了头，因为她已坚信，美像阳光，也同样簇拥着她！瞧！这就是推测性赞美创造的奇迹！它使一个失望的小女孩找到了太阳，找到了自信！

推测性赞美有两种，一种是祝愿式的推测，一种是预言式的推测。

祝愿式推测，主要强调一种美好的意愿，用一种友好的心情去推测对方，带有祝愿的特点。这种推测也未必很可行，但推测者是诚挚而善意的。

1988 年 10 月，一位来自台湾地区的客人来到南京金陵饭店公关部售票台前。

"早上好！"公关经理很有礼貌地站起来招呼。

"我要 3 张后天去上海的软座票。"这人不耐烦地说。

见客人情绪不好，公关经理立即将订票单取出，帮客人登记。当写到车次时，公关经理习惯性地发问："先生，万一这趟车订不到，其他的可以吗？它们的始发时间是……"

没等公关经理说完，客人连说："不行！不行！我就要这趟。"

公关经理又强调了"万一……"这番好心反而把客人惹火了："什么万一，万一，你们是为客人服务的，就不能这么说。"

这时，公关经理立即意识到自己的说话方法不妥，差一点把客人赶跑了。她根据对方反馈的信息，立即调整话语，转换语气说："我们一定尽最大努力设法给您买到。"这时客人脸上才露出了笑容。

第二天客人来取票。根据头天打交道的情况，公关经理一改过去公事公办的办事态度，笑眯眯地说："先生，您的运气真好。车站售票处您明天要的车次的车票好紧张，只剩 3 张票，全给我拿来了，看来先生您要发财了。"

客人闻听此言，立即转身跑到宾馆小卖部，买了一大包糖回来请公关经理吃。

自那以后，客人每次见到公关经理都打招呼，点头微笑。临走时，他高兴地说："下次来南京，一定还住金陵。"

这个故事中公关经理就用了祝愿式推测。它有浓厚的情感色彩。需要真实的情感，并给予最为贴切的赞美。公关经理从买票的幸运"推测"出"发财"一说，这里面没有必然性可言，并不具备多少合理性，但它是一句吉言，能使人听着顺心顺意。

预言式推测，带有一些必然性、预见性，可以针对工作、生活中可能会取得的成绩进行预测。

小白的同事小金自幼爱好音乐，受过专门的音乐训练，颇擅长流行音乐，曾获过市级音乐大赛的三等奖。小金刚参加完地区音乐大赛回来，小白热情地夸她："这次'金榜题名'定是命中注定的。"小金很高兴地说她

发挥得不错，不过，对手也较多……

小白的推测是有根据的，建立在小金平时的能力及以前的成绩上。当然，推测并不等于明确的结果，而是具有多种可能性，但前提是被赞美者本身有实力，有可能获得好结果。

预言式推测较适用于同事与同事之间，或父母对孩子的推测，总之，是对身边较熟悉的人所采用的方式。它起到一定的激励作用。

● 夸人有讲究

赞美的话，人人都会说，但要说好，不仅要掌握许多小窍门，而且还要有所讲究。

首先，赞美要有根据，比如根据对方的为人或处事来赞美。有根有据、有板有眼才能避开阿谀之嫌。

每个人在为人方面都有其优势，笼统的词语难以说明什么；有事实作根据将变得真实可信、生动形象。

其次，不要假充内行。

俗话说："不是船工乱弄篙——假充内行。"肯定和赞美他人必须建立在理解的基础之上，特别是一些专业水平要求比较强的方面，尤其如此，如果你不懂装懂，就难免会出洋相。赞美是一门学问，其中一个重要的法则就是要懂行。只有"懂行"才能抓住赞美之事的特点与实质，才能不说外行话。如果不懂装懂，则经常会发生讲外行话，语言不到位等情况。

在现实生活中常常发生这种情况：在一个书法展上，常常听到有人感叹，"这字写得真是漂亮"。但究竟好在哪里，他却什么也不知道，这就是知其然，而不知其所以然。在一个画展上，一位参观者站在一幅抽象画前说："这幅画不错，可惜看不出它是画的啥东西。"这让内行的人听见了，岂不是笑掉大牙。

一些人明明自己是外行，还不自量力，没有自知之明，甚至厚着脸皮装内行，结果让别人看笑话。既达不到赞美他人的目的，而且还暴露了自己的无知。一位男士陪他的女朋友去听音乐会，而实际上他只会听一些流行音乐，对于高雅音乐一窍不通，当音乐会结束时，主持人希望在座的人能发表一些看法，这位男士站起来说："演得实在太好了，让人听起来欢欣鼓舞。"这时，四下响起一片哄笑之声，事后他看到女朋友脸上挂满了泪痕，原来演奏的是一支非常伤感的曲子，女朋友一气之下与之分手了。

因此，在赞美他人时，要懂得适可而止，不必画蛇添足。在措辞上，选择一些大而空的赞词，这样才不至于出错。

再次，赞美必须从性别、性格、知识等全方位来考虑。

"一母生九子，九子各不同"，即使是亲兄弟彼此的性情脾气也有所不同，更何况是来自五湖四海不同的人士。

每个人由于其个性的差异，其所喜欢的赞扬方式也就有所不同，有的人喜欢含蓄委婉，有的人喜欢直露，有的人喜欢日常工作中一个眼神及一个手势的赞扬，有的人喜欢在正式场合的称赞。如果，你对喜欢含蓄的人，用直来直去的赞语，就难以达到赞美的预期效果；若你对喜欢直露的人用较为含蓄的赞语，也许他根本不能领会。

老周是某部门内的一个司长。这不，今天刚好有两个年轻人到他所管辖的司内工作，一个是研究生，男性；另一位是本科生，女性。由于了解到这位男同志是山东人，且直爽，老周感到与他相处较为轻松，根本不需要考虑什么忌讳，在日常工作中，他只要注意作为领导者的身份，可以说，嬉笑怒骂皆可赞美。工作做得好了，走到这位男下属面前，拍拍他的肩膀，然后，可以在下班后，拉他在小馆子里撮一顿，借着酒劲，毫不客气地对他赞扬一番，第二天，小伙子工作起来特别有精神，他们之间相处得也很和睦。对于那位年轻的女士，可没有这么随便。她是上海人，生性腼腆，说话做事比较含蓄，不喜欢直白的言辞。老周根据这一情况，对这位女士在工作中的突出成就，就采取了与那位小伙子所不同的赞扬方式。有时受到领导的嘉奖，老周都要说是这位女士和男士的功劳，当然女士排在前面，满足女性微妙的心理，而对于生性直爽的小伙子，对于这种排名先后，则无所谓。在注意到平常言语外，老周还经常运用赞许的眼神，及一些适当的物质奖励，来鼓励她上进，如此一来，老周与她也处得和谐。于是，他

们尽心尽力地工作，老周感到很是开心。

老周正是由于掌握了小伙子与上海姑娘的不同个性，采取了不同的赞扬方法，充分调动了其工作的积极性。

最后要注意，赞美不要冲撞他人的忌讳，弄巧反成拙。

忌讳就是世界各国、各民族长期以来形成的对于某些事物的禁忌，它常常反映着一个国家和民族的文化传统和生活习俗。对于个人来讲，忌讳往往是一个人内心的永久伤痕，每个人都有自己的忌讳。每个人对于自己的忌讳往往又不允许别人轻易侵犯。

赞美别人时千万不可以冲撞别人的忌讳。因为冲撞别人的忌讳，极易造成交际的失败，往往也会使你的一片苦心变成驴肝肺，从而引起别人强烈的反感。因此，在赞美他人时，了解他人的忌讳是在人际交往中左右逢源、游刃有余不可忽视的环节。

另外，在与不同民族、不同国家的人交往时，要注意不要冲撞他的忌讳。在赞美不同民族、不同国籍的人时，也是一样。因为不同的国家与民族往往都有一些忌讳。

数字的忌讳。如西方人普遍忌讳"13"。因此，在祝贺西方人成功时，送鲜花千万别送 13 枝。

颜色的忌讳。比如说巴西人忌讳棕色，俄国人忌讳纯墨色，比利时人忌讳蓝色。

花朵的忌讳。欧洲人忌讳送菊花，巴西人忌讳绛紫色的花，日本人忌讳荷花。

动物的忌讳。中国人忌讳乌鸦和猫头鹰，俄国人忌讳兔子。

在赞美他人时，应该对赞美对象的一些忌讳有所了解，千万不要自讨没趣地往人家的枪口上撞，否则，只会事与愿违。

第四节 言语幽默出奇效

● 得体的幽默能取悦人心

人际交往的各个方面，莫不需要幽默的鼎力支持。实际上，得体的幽默最能取悦人心，幽默称得上是一个具有亲和力的"形象大使"。因为，很多工商业界高阶层的负责人，都运用幽默力量来改变他们的形象，甚至改善大家对整个公司的看法。每一阶层的领导人和经理人在人事的甄选与训练上，也转而向幽默力量来求助。

有一次，美国329家大公司的行政主管，参加一项幽默意见调查。由一家业务咨询公司的总裁霍奇先生主持此项调查，发现：

97%的主管人员相信，幽默在商业界具有相当的价值。

60%的人相信，幽默感能决定一个人事业成功的程度。

在《芝加哥论坛报》里工商专栏的作家那葛伯，访问了参与调查的几位主管人员，而后整理出几位高级经理人员的意见：

克雷夫特公司总裁毕尔斯，认为幽默感对于主管人员十分重要。"它是表示一个主管具有活泼、弹性的心态的重要指标。"毕尔斯说，"这样的人通常不会把自己看得太重，而且比较能做出好的决策。"

还有一家公司的总裁，从创造和谐快乐的同事关系的观点来看幽默感，

"这是一个基本原则"，他说，"就是你若能做些自己引以为乐的事情，那么你会是一个较好的老板，或较好的属下。"

幽默正被越来越多的人所应用。

例如，有家公司为主管们安排了有关"沟通"的教育训练课程。

上了一星期课之后，有位主管想在责备老是严重迟到的一个部属时，挖空心思，想在骂他的时候又能保住他的面子。

后来，他把这个部属找来，面带笑容地对他说："我知道你迟到绝对不是你的错，全怪闹钟不好。所以，我打算订制一个人性化的闹钟给你。"

这个主管对部属挤了挤眼睛，故作神秘地说："你想不想听听它是怎么人性化的？"

下属点点头。

"它先闹铃，你醒不过来，它就鸣笛；再不醒，它就敲锣；再不醒，就发出爆炸声，然后对你喷水。如果这些都叫不醒你，它就会自动打电话给我帮你请假。"

做好管理工作真的不太容易，有人说做事容易做人难，管得重了不但没有效果，反而会影响彼此的人际关系。管得轻了虽然能保留住彼此的感情，但是效果又不好。这种时候，幽默可就派上大用场了，它会在有效管理别人的时候同时也能取悦人心。

● 言语幽默，远离尴尬

有时候人际交往会处在一个尴尬的境地，这个时候需要的仅仅是一句幽默的话语来打破原有的压抑，活跃气氛。

说笑能极大地缓解尴尬气氛，甚至在笑声中，这种难堪场面会瞬间消失，致使人们很快忘却。

萧伯纳有一次遇到一位胖得像酒桶似的牧师，他跟萧伯纳开玩笑说："外国人看你这样干瘦，一定认为英国人都在饿肚皮。"萧伯纳谦和地说："外国人看到你这位英国人，一定可以找到饥饿的根源。"要用幽默来回敬对方，幽默感是避免人际冲突、缓解紧张的灵丹妙药，不会造成任何损失，不会伤及任何人。

如果活动中出现尴尬局面，说句幽默的话更是使双方摆脱窘迫的好办法。例如，两个班级联欢，男女舞伴第一次跳舞，由于一方的水平低发生了踩脚的情况，说"没关系"，这样礼貌的话可能还会加重对方的紧张，如果说一句"地球真小，我俩的脚只能找一个落点了"，则可使双方欢笑而心理放松。

尴尬是在生活中遇到处境窘困、不易处理的场面而使人张口结舌、面红耳赤的一种心理紧张状态。在这种时候，人们感觉比受到公开的批评还难受，引起面部充血、心跳加快、讲话结巴等。主动讲个笑话逗大家笑，绝对是减轻该症状的良方，尤其是在很多人看着你的时候。

苏联著名女主持人瓦莲金娜·列昂节耶娃有一次向观众介绍一种摔不破的玻璃杯。准备时几次试验都很顺利，谁知现场直播时竟出了意外，杯子摔得粉碎。而这时，成千上万的观众正看着屏幕。她灵机一动说："看来发明这种玻璃杯的人没考虑我的力气。"幽默的语言一下子就使她摆脱了窘境。

一位演说家对听众说："男人，像大拇指（做手势）；女人，像小指头儿……"话未说完，全场哗然，女听众们强烈反对他的比喻，他没法再讲下去了。怎么办？他立刻补充说："女士们，大拇指粗壮有力，而小手指则纤细、灵巧、可爱。不知哪位女士愿意颠倒过来？"一句话平息了女听众的愤怒，一个个相视而笑。

我国著名相声大师马季有一次到湖北黄石开座谈会。会上，他的搭档无意中将"黄石市"说成了"黄石县"，在座的都十分尴尬。马季立即接着说："我们有幸来到黄石省……"这话把大伙都弄糊涂了。正当大家窃窃私语时，马季解释道："刚才，我的搭档把黄石市说成县，降了一级，我当然要说成'省'，给提上一级。这样一降一提，就拉平了！"

恐怕谁都有当众滑倒的经历，每每回想起来还会感到脸红。摔倒的场面总是很滑稽，容易使自己变成笑料，你不妨用一种荒诞的逻辑将这种尴尬变成有利因素，从而自然大方地从困境中解脱出来。

1944年秋，艾森豪威尔亲临前线给盟军第29步兵师的数百名官兵训话。当时，他站在一个泥泞的小山坡上讲话，讲完后转身走向吉普车时突然滑倒。原来肃静严整的队伍轰然暴响，士兵们不禁捧腹大笑。面对突发情况，部队指挥官们十分尴尬，以为艾森豪威尔要发脾气了。岂料，他却幽默地说："从士兵们的笑声看来，可以肯定地说，我与士兵的多次接触，这次是最成功的了。"

所以当我们面临尴尬时，千万不要慌张，试着说一些幽默的话语，就会将你从尴尬中轻松解救出来。

● 巧用幽默化干戈为玉帛

幽默运用得好，能够化干戈为玉帛，就拿谈判来说，一般人都会认为，谈判是很庄重与严肃的。其实谈判中运用幽默技巧，可以缓和紧张形势，造成友好和谐的气氛，也就缩短了双方的心理距离，钝化了对立感。因此，幽默能使你在谈判中左右逢源，常常在"山重水复疑无路"时变得"柳暗花明又一村"。因为，谈判时具有幽默心理能使你情绪良好，充满自信，思路清晰，判断准确。

谈判中要使自己进退自如，没有幽默力量帮助是难以达到预期的效果的。

1959年，时任美国副总统的尼克松访问苏联。在此之前，美国国会通过了一项关于被奴役国家的决议。赫鲁晓夫在与尼克松的会谈中激烈地抨击了这个决议，并且怒容满面地嚷道："这项决议很臭，臭得像马刚拉的屎，没什么东西比这玩意更臭了！"作为国家元首，这样的场合，这样的讲话有失体面。

尼克松曾认真地看过关于赫鲁晓夫的背景材料，得知他年轻时曾当过猪倌，于是盯着赫鲁晓夫，说："恐怕主席说错了。还有一样东西比马屎更臭，那就是猪粪。"

谈判桌上，赫鲁晓夫无所顾忌，出言不逊，好在尼克松幽默诙谐，暗藏机锋。否则，两人大吵大嚷，那么谈判就成了市井中的吵架、撒野了。

适度的幽默能够建起良好的气氛，让大家精神放松，进一步密切双边关系。这样就可以营造一个友好、轻松、诚挚、认真的合作氛围，对谈判双方来说，都是具有实质性意义的。

1943 年，英国首相丘吉尔与法国总统戴高乐由于对叙利亚问题的意见产生分歧，两人心存芥蒂。直接原因是戴高乐宣布逮捕布瓦松总督，而此人正是丘吉尔颇为看重的人物，要解决这一件令双方都颇为棘手的事，只有依靠卓有成效的会晤了。

丘吉尔的法语讲得不是很好，但是戴高乐的英语却讲得很流利。这一点，是当时戴高乐的随员们以及丘吉尔的大使达夫·库柏早就知道的。

这一天，丘吉尔是这样开场的，他先用法语说道："女士们先去逛市场，戴高乐及其他的先生跟我去花园聊天。"然后他用足以让人听清的声音对达夫·库柏说了几句英语："我用法语对付得不错吧，是不是？既然戴高乐将军英语说得那么好，他完全可以理解我的法语的。"语音未落，戴高乐及众人听后哄堂大笑，丘吉尔的这番幽默消除了紧张，建立了良好的会谈气氛，使谈判在和谐信任中进行。

人与人间思想不同是必然的现象，因为我们每个人都顶着不同的脑袋。但是，当发生意见相左的时候，要会用技巧，使得气氛不至于弄僵，也避免让双方的对话进入死胡同，变成意气用事。运用幽默就是一种很好的化干戈为玉帛的方式。

● 幽默夸张博取信任

幽默的力量可以帮助你迎接事业和人生的挑战，获得别人的信任，享受成功的愉快。

如果你已经利用幽默力量来帮助你成功迈进，你也就能对挫折一笑置之，坦然开自己的玩笑，并且关心别人，更重要的是以轻松面对自己，而以严肃面对自己的新角色。

张先生是某公司一个部门的主管。身为经理，他心理上的问题是："我这部门里的人真正喜欢我吗？"他们公司中的职员大多为追求时尚、自由奔放的年轻人，幸而张先生有幽默感，他开始把它发展为幽默力量。我们

来看看发生在圣诞节期间的一件小事，他的幽默力量是如何发挥的。

张先生去开一项业务会议回来，发现他属下的职员们聚在办公桌旁，哼唱着韩德尔的神曲《弥赛亚》中的一段——哈利路亚大合唱。他的出现促使每个人匆忙奔回工作岗位。但是张先生没有皱眉头表示不悦，也没有大声责骂，只是说："我想你们并不精于此道。"

这样的一句话并不会惹人捧腹大笑，但是它能发挥有力的效果。同事们都以微笑来接受张先生含蓄的批评。因为张先生的这句话比"不要再偷懒！"这句话更能让人接受。更重要的是，张先生对他自己心理上的问题有了一番新的看法："我这部门里的人真正喜欢我吗？"

而他发现："如果我喜欢他们，并能与他们一同欢笑，给他们所需要的，那么我也就能得到我所需要的——与同事间每个人建立更好的关系。"

还有一个例子也最能说明幽默的力量。在一家大公司担任公共关系协调人的王女士，她得幽默力量之助，从而得以了解自己实在是个成功者。她的工作是负责改善大家对公司的印象。其他的经理都称赞她的能力，说她有办法克服时间的压力、紧迫的期限以及瞬息万变的大众态度。

但是王女士却担忧她的自我形象。在一年半之中，她连续雇用、训练并失去了3位秘书，3位都离职。"我是怎么回事？"她开始怀疑自己："为什么我连一个秘书都保不住？"

后来，有一位同事帮助她看清了自己。那位同事说："这3位秘书都是在公共关系方面找到了更好的工作。"这位同事还说，"你应该感到骄傲，因为你帮她们往上爬。"

"我的困扰就是干错行了，"王女士打趣自己，"我应该去当老师。但是我又教得太好了，下次我不要把秘书训练得这么好。"

王女士以取笑自己来得到更有信心的自我形象。当她面临又一个秘书在训练有素之后又离职时，她也一样能这样笑。

如果你也能运用幽默力量去帮助他人更上一层楼，那么你就会获取更多的信任，同时你自己也能向前迈进。

第五章

掌握说话艺术，能说好难说的话

　　俗话说，"好人好在嘴上"。人们都愿意听服帖顺耳的话，而对那些苦口良言却听而不闻，甚至心生厌恶。

　　最会说话的人采用回避重点、迂回包抄的方式言难言之言，说难说之话，既使对方心悦诚服，又使自己摆脱尴尬境地。

第一节 在最短的时间里逃脱窘境

● 要有避开语言危机的意识

要想自己不陷入窘境，最好时刻保持谨慎，避免可能出现的语言危机，与其在危机出现了之后再挖空心思解围，不如平时多注意如何来防止窘境的发生。

平时说话最忌讳的就是口无遮拦，说话不经大脑思考，直接信口而出。

在交谈中，每说一句话之前，都要考虑一下你要说的话是否合适，不要想说什么就说什么，给其他人造成不快。

除非是亲密的朋友，否则最好不要对个人的卫生状况妄加评论。如果某人的肩膀上有很多头皮屑或口中很难闻，或者拉锁纽扣没系好，请尽量忍耐不去想，并等他亲密一些的朋友告诉他。如果你直接告诉他，特别是在人比较多的场合，很容易让对方处于尴尬的境地。

许多人不喜欢别人问自己的年龄。尤其对女性而言，年龄是她们的秘密，不愿被人提及。对钱等涉及个人收入的一类私人问题的询问通常也是不合适的，可以置之不理。

在社交活动中，应以诚待人，宽以待人。要与人为善，而不要打听、干涉别人的隐私，评论他人的是是非非。不要无事生非、捕风捉影，也不要东家长，西家短，更不要传小道消息，把芝麻说成西瓜。说话要有事实根据，不能听风就是雨，随波逐流。俗话说："良言一句三冬暖，恶语伤人六月寒。"所谓恶语是指那些肮脏污秽、奚落挖苦、刻薄侮辱一类的语言。口出恶语，不但伤人，而且有损自身形象。在社交活动中，应当尊重人，温文尔雅，讲究语言美，而不要自以为是，出言不逊，恶语伤人。

有的人明明好心却办坏事，不分场合说安慰话，这等于就是在众人面前哪壶不开提哪壶。有一位姑娘谈恋爱遇挫，头一回感情旅程就打了"回程票"，心里有点懊恼。这位姑娘性格内向，平时不善言谈，也没有向旁人袒露内心的秘密。单位里一个与她很要好的同事在办公室里看到她愁容不展，就当着众人的面说起安慰话："这个人有什么好，凭你这种条件，还怕找不到更好的？"没等她说完，这位姑娘就跑出办公室。这时她才感到这样的地方、这样的安慰话有些不当，可姑娘已无法领情了。几句安慰话倒成了彼此尴尬的缘由。由此可见，即使说安慰话也要尊重人格，充分考虑到对方的性格和习惯。对性格内向的人，一般不宜在众人面前直接给予安慰，对不喜欢别人安慰的人，一般不要随意赐予。尤其是涉及别人的隐私，万万不可"好心办错事"，不宜在公开场合"走漏风声"，在说安慰话时，还得"看人点菜"，不同对象要不同处置。

人们在交谈中常有一些失言："哎，你儿子的脚跛得越来越厉害了"，"你怎么还没结婚"，"你真的要离婚吗"等等，一些别人内心秘而不宣的想法和隐私被你这些话无情地暴露了出来，实在是不够理智的。如果你想让人喜欢，就不要对跛子谈跳舞的好处和乐趣；不要对一个自立奋发的人谈祖荫的好处；不要无端嘲笑和讽刺别人，尤其是别人无能为力的缺陷，否则就是一种刻薄。

在平时的交谈中，我们还应该知道一些礼貌忌语，尽量在某些场合去避免使用。

礼貌是文明交谈的首要前提。在交谈中要体现出敬意、友善、得体的气度和风范。要做到礼貌交谈，首先就要使用礼貌用语，如"请"、"谢谢"等；然后，要注意学习一些礼貌忌语，一语不慎造成的后果可能是不能够弥补的。

礼貌忌语是指不礼貌的语言，他人忌讳的语言，会使他人引起误解、不快的语言。不礼貌的语言，如粗话脏话，是语言中的垃圾，必须坚决清除。他人忌讳的语言是指他人不愿听的语言，交谈中要注意避免使用。如谈到某人死了，可用"故去"、"走了"等委婉的语言来表达。特别是香港人和广东人有喜"8"厌"4"的习惯。因广东话中"8"与"发"谐音，"4"与"死"谐音。因此，在遇到非说"4"不可时，可用"两双"来代替。逢年过节，不宜对香港人或广东人说"新年快乐"或"节日快乐"，而用"新年愉快"、"节日愉快"或"恭喜发财"代之。这也是谐音的关系，因为"快乐"与"快落"听起来很相似。

容易引起误解和不快的语言也要注意回避。在议论他人长相时，可把"肥胖"改说成"丰满"或"福相"，"瘦"则用"苗条"或"清秀"代之。参加婚礼时，应祝新婚夫妇白头偕老。在探望病人时，应说些宽慰的话，如"你的精神不错"、"你的气色比前几天好多了"等等。随着语言本身的发展，一些词汇的意义也发生了转移，譬如"小姐"等，在使用时要针对不同对象谨慎决定。还要注意在日常生活中，遇到矛盾冲突时，应冷静处理，不用指责的语言，多用谅解的语言，以免使人难堪。

有些预料中的尴尬是可以及时避免或减轻的。比如，说如果某主管欲将一位不重用的职员降调至 A 分公司，光是对他说："我要将你调到某一公司去。"则他的内心必定会有被放逐的感觉，但如果你说："我本想派你到 A 分公司或 B 分公司，但我考虑的结果还是认为 A 分公司较为恰当，因为 B 分公司对你来说太远了，可能不太方便，所以还是麻烦你到 A 分公司去。"

这样一来对方就不会有丢面子的感觉，因为他的心里也只存有如何作选择而已。

要想不陷入难堪的局面，就应该多花些心思，培养一种避开语言危机的意识。

● 打破冷场的技巧

在日常生活和社会交往中，尤其是在比较正式的场合，如聚会、议事等常会出现冷场现象,彼此都尴尬。冷场,在人际关系中,它无疑是一种"冰块"。打破冷场的技巧,就是及时融化妨碍交往的"冰块"。

谈话者之间存在以下几种情况时,最容易因"话不投机"而出现冷场:

(1)彼此不大相识。

(2)年龄、职业、身份、地位差异大。

(3)心境差异大。

(4)兴趣、爱好差异大。

(5)性格、素质差异大。

(6)平时意见不合,感情不和。

(7)互相之间有利害冲突。

(8)异性相处,尤其单独相处时。

(9)因长期不交往而比较疏远。

(10)均为性格内向者。

会话出现冷场,双方都会感到尴尬。但只要会话者掌握住了破"冰"之术,及时根据情境设置话题,冷场是很容易被打破的。

1. 要学会拓展话题的领域

开始第一句话要注意的是使人人都能了解,人人都能发表看法,由此再探出对方的兴趣和爱好,拓展谈话的领域。如果指着一件雕刻说:"真像某某的作品!"或是听见鸟唱就说:"很有门德尔松音乐的风格。"除非知道对方是内行,否则不仅不能讨好,而且会在背后挨骂的。

如果不知道对方的职业,就不可胡乱问他。因为社会上免不了有人会失业,问他的职业无异于迫他自认失业,这对自尊心很重的人来说是不太好的。如果你想开拓谈话的领域而希望知道他的职业,只能用试探他的方法:"先生常常去游泳吗?"如果他说:"不。"你就可以问他是否很忙,"每天上哪儿消遣最多呢?"接下去探出他是否有固定工作。如果他回答"是",你便可加上一句问他平时什么时候去游泳,从而判断他有无职业。如果他说是星期天或每天下午五时以后去,那无疑是有固定工作。

确定了别人有工作,才可问他的职业,这样就可以谈他的工作范围内

的事情。如果不知对方有没有职业，或确知对方为失业者，那么还是谈别的话题为佳。

2. 风趣接话转话题

在谈话中善于抓住对方的话题，机智巧接答，可以使我们谈话变得风趣，从而使谈话活跃起来。有一个典型的例子：当我们夸奖对方取得的成绩时，总能听到这样的回答——"一般情况"。倘若我们不接着话茬儿说下去，就有点赞同对方的"一般情况"说法的意思，达不到接话说的目的。可以这样回答："'一班，情况尚且如此，那'二班'情况就可想而知了。"言外之意是说："你一班的情况才如此的话，我二班的情况就更不值得一提了。"这类搭茬儿，一般是采用谐音、双关的手法，接住对方的话茬，作风趣的转答。

巧妙地接答对方的话茬，可以把原来的话题引向另一个话题，使谈话转变一个角度继续进行下去。

刘某是公司负责某一地区的销售业务员。公司为了加强和客户之间的联系，特举办了一年一度的"工商联谊会"。公司安排刘某在会议期间陪同他的客户顾某。他们路过一家商场，谈起了商场销售情况。末了，顾某深有感触地说："现在，市场竞争够激烈的。"刘某接过他的话茬儿说："就是。在你们单位工作的业务员也不少吧？"就这样刘某既把话题延伸下去，同时又把话题朝向有利于自己的方向发展。

3. 适时地提一些引导性的话题

提出引导性话题，可以给他人留下谈话时间和空间，特别是对于那些不善于当众讲话的人。这些话题可以根据对方的性格特点、兴趣爱好、职业性质等方面来设置。比如："近来工作顺利吧"，"听说你最近有件高兴的事，是什么呢"，"前一阵我见到你的孩子，学习怎么样"。先用这些听起来使对方温暖的话寒暄一下，便于开展谈话。对于那些在公司上班的人，可以探问对其公司的日常规则的看法，如："你们公司，每周都要举行升旗仪式，之后还要做早操，召开例会，你怎么看待？"引导性话题应该注重可谈性和可公开性。对学文的不宜谈深奥的理科的问题，反之亦然。不宜在公开场合触及个人隐私，或者是背后议论他人等。如果引导性话题过于敏感，或者越出了对方的兴趣爱好，或者过于深奥，超出了对方的知识结构等原因，对方也许不愿说，也许真的无话可说。提出这类话题，目的是让对方开口讲话，不能让对方讲，还有什么意义呢？

在提一些引导性话题的时候，也要注意方法和策略，不要让对方感到难以回答和附和而已。比如："你是不是也觉得你们现在的厂长很能干？"人家要说赞同的话，他自己的确也有保留意见；要说不赞同，而你已经认可了，他总不至于在你的面前进行反对吧，何况是说别人的坏话呢？这样的话题，处理得不好，会让自己失去谈话的亲和力，适得其反。再者也不要问些大而空的问题，让人不知从何说起，最好具体点。

此外，在打破冷场时说话还应该注意下面的内容：

(1)如果是由于自己太清高、架子大，使人敬而远之，而造成双方的沉默，在交谈中应该主动、客气及随和一些。

(2)如果是由于自己太自负，盛气凌人，使对方反感，而造成了沉默，则要注意谦虚，多想想自己的短处，适当褒扬对方的长处。

(3)如果是由于自己口若悬河，讲起话来漫无边际、无休无止，而导致了对方的沉默，则要注意自己讲话适可而止，给对方说话的机会，不要让人觉得你是在做单方面的"传教"。

(4)有时装作不懂事的样子，往往可以听取他人更多的意见，这根源于人们的自炫心理。反之，你表现得太聪明，人家即使要讲，也有顾虑，怕比不上你。如果我们用"请教"的语气说话，引起对方的优越感，就会引出滔滔话语。一般人的心理总是喜欢教人，而不喜欢受教于人。

冷场的出现，往往与"话题"有关。"曲高和寡"会导致冷场；"淡而无味"同样会引起冷场。不希望出现冷场的交谈者，应当事先做些准备，使自己有一点"库存话题"，以备不时之需。

● 面对恶意冒犯者

在社交场合，有时我们会遇到别人有意无意地抢白、奚落、挖苦、讥讽，

这时该怎么办？有随机应变能力的人，能调动自己的智慧，化被动为主动，使尴尬烟消云散。"兵来将挡，水来土掩"，你可视不同的对象选择不同的应付办法。

1. 仿拟话语

仿照对方讽刺性的话语形式，制造出一种新的说法，将对方置于一种反而不利的位置上，从而使对方落入"聪明反被聪明误"的自造的陷阱中。

丹麦著名童话家安徒生一生俭朴，常常戴一顶破旧的帽子在街上溜达。一次，一个富翁嘲笑他说："你脑袋上边的那个玩意儿是个什么东西，能算是一顶帽子吗？"安徒生马上回敬了一句："你帽子底下的那玩意儿是个什么东西，能算是个脑袋吗？"

对方本想嘲笑安徒生服饰破旧寒酸，不想反被安徒生嘲弄了一番。安徒生仿拟对方的话语形式，改换了几个字词，便辛辣地讽刺了对方的愚蠢卑鄙，空长一副脑袋。

2. 歧解语义

它是指故意将对方讽刺性的话做出另一种解释，而这种解释又恰巧扭转了矛头，指向对方，这等于让对方自己打了自己的嘴巴。

普希金年轻时并不出名。一次，他在彼得堡参加一个公爵举行的舞会。他邀请一位年轻漂亮的贵族小姐跳舞。这位小姐傲慢地看了普希金一眼，冷淡地说："我不能和小孩子一起跳舞！"普希金不但不生气，反而微笑着说："对不起！我亲爱的小姐，我不知道您正怀着孩子。"那位贵族小姐一听顿时羞得满脸赤红。

普希金在这里就是歧解了语义，把"小孩子"偷换成贵族小姐"已有身孕"，因而才不能和别人跳舞。

3. 以毒攻毒

当对方用恶毒的话攻击你的时候，不妨顺水推舟，借他的话回敬对方。

有一个掌柜经常喜欢愚弄人，并常常以此自得。一天早上他正在门口吸着水旱烟，看见赶集的大爷骑着毛驴来到门口，于是他就喊道："喂，抽袋烟再走吧！"大爷忙从驴背上跳下来，说："多谢掌柜的，我刚抽过了。"

这位掌柜一本正经地说："我没问你，我问的是毛驴。"说完，得意地一笑。

大爷猛地转过身子，照准毛驴脸上"啪啪"两巴掌，骂道："出门时我问你这里有没有朋友，你说没有。没有朋友为什么人家会请你抽烟呢？""叭叭"，对准驴屁股又是两鞭子，说："看你以后还敢不敢胡说！"说完，翻身上驴，扬长而去。

这位大爷的反击力相当强。既然你以你和驴说话的假设来侮辱我，我就姑且承认你的这个假设，借此教训毛驴，来嘲弄你自己与毛驴的"朋友"关系。

孔融10岁那年，有一次到李膺家做客，当时在场的都是些社会名流，孔融应答如流，得到宾客们的称赞。但有一位叫陈韪的大夫却不以为然，讥讽地说："小时候聪明，长大了未必也聪明。"孔融立刻回答道："我想先生在小时候一定很聪明吧？"

孔融采用以其人之"法"还治其人之身的语言形式、以问作答，把对方射过来的"炮弹"又原样给弹了回去。暗示对方长大后就变愚蠢了。

4. 一箭双雕

抓住主要事实或揭露要害，在自己摆脱困境的同时，通过对比指出对方的弱点，置其窘境。

1988年，美国第41届总统竞选。民意测验表明：8月份前，民主党总统候选人杜卡基斯，尚比共和党总统候选人布什多出10多个百分点。当布什与杜卡基斯进行最后一次电视辩论，布什的策略是，抓住对方的弱点，揭其要害，戳在痛处，从而让对方陷入窘境。杜卡基斯嘲笑布什不过是里根的影子。用嘲弄式的发问"布什在哪里"。

布什轻松地回答了他的发问："噢，布什在家里，同夫人巴巴拉在一起，这有什么错吗？"平淡一句，却语义双关，既表现了布什的道德品质，又讥讽了杜卡基斯的风流癖好，置杜卡基斯于极尴尬的境地。可谓是一箭双雕。

5. 巧借比喻

巧借对方比喻中的不雅事物，用与此相克相关的事物作比，针锋相对，给以迎头痛击。例如，达尔文提出进化论以后，赫胥黎竭力加以支持和宣传，

并与宗教势力展开了激烈的论战。教会诅咒他为"达尔文的斗犬"。在伦敦的一次辩论会上，宗教首领见赫胥黎步入会场，便骂道："当心，这只狗又来了!"赫胥黎轻蔑地答道："是啊，盗贼最害怕嗅觉灵敏的猎犬!"

赫胥黎以此对比，引出被比的事物"盗贼"，巧妙地戳穿了宗教首领的丑恶本质和害怕真理的面目。

当你面对别人恶意的侵犯时，具备随机应变的语言表达功力非常重要。在防卫中运用优雅、得体的语言把你的智慧和大度发挥得淋漓尽致。

● 学会用戏谑冲淡尴尬

尴尬是生活中遇到处境窘困、不易处理的场面而使人张口结舌、面红耳赤的一种心理紧张状态。在这种时候，如果能调整心态，急中生智，以戏谑来冲淡它，应该可以收到良好的效果，从而化解你和他人的紧张气氛。

一次，美国前总统里根在白宫钢琴演奏会上讲话时，夫人南希一不小心连人带椅跌落在台下地毯上，观众发出惊叫，但是南希却灵活地爬起来，在众多宾客的热烈掌声中回到自己的座位上。正在讲话的里根看到夫人并没有受伤，便插入一句俏皮话："亲爱的，我告诉过你，只有在我没有获得掌声的时候，你才应该这样表演。"

在外交上，戏谑的口才本领就显得更为重要。政治家、外交官具有幽默细胞可以使外交工作更加顺利，而抽劣的口才可能会使外交工作平添许多障碍。有时由于国与国之间的语言、文化、风俗、习惯等差别很大，使得相互理解与沟通非常困难，再加上意识形态上的差异、政治与经济等方面的、错综复杂的矛盾交织在一起，就会使外交工作增加困难。一旦应对不当，造成两国之间误解甚至不和，造成尴尬的局面，就会显示出应对者的无能与无知。

1972年，美国总统尼克松访问苏联。有一次在苏联机场，飞机正准备起飞，一个引擎却突然失灵。当时送行的苏共中央总书记勃列日涅夫十分着急、恼火，在外国政界要人面前出现这种事是很丢面子的。他指着一旁站立的民航局长问尼克松总统："我应该怎么处分他?"这等于说是给尼克松出了一道不大不小的难题，如果尼克松答得不巧妙，苏联人也可以借机让尼克松出点丑。"提升他。"尼克松很轻松地说，"因为在地面上发生故障总比在空中发生故障好。"尼克松的话一出，大家都笑了。

在异性之间，吵架在所难免，有一方发火，另一方也跟着吵，无异于火上浇油，情况越来越烈，关系越闹越僵，倒不如以谐平怒，大家更容易冷静下来，在笑声中很快消气。

约翰先生下班回家，发现妻子正在收拾行李。"你在干什么?"他问。"我再也待不下去了"，她喊道，"一年到头，老是争吵不休，我要离开这个家!"约翰困惑地站在那儿，望着他的妻子提着皮箱走出门去。忽然，他冲出房间，从架上抓起一只皮箱，也冲向门外，对着正在远去的妻子喊道:"等一等，亲爱的，我也待不下去了，我和你一起走!"怒气冲天的妻子听到丈夫这句既可笑又充满对自己爱心和歉意的话，像气球被扎了一个洞，很快地消气了。

当约翰的妻子抓起皮箱，冲出门外之时，我们不难想象，约翰是多么的难堪、焦急!但他既没有苦劝妻子留下，也没有作任何解释、开导，更没有抱怨和责怪，而是说:"等一等，亲爱的，我也待不下去了，我和你一起走!"这哪像夫妻吵架，倒像一对恩爱夫妻携手出游。约翰这番话，以谐息怒，不但让妻子感到好笑，而且体会和理解到丈夫是在含蓄地表达自己对妻子的爱心和歉意，以及两人不可分离的关系。听到这番话，妻子怎能不回心转意呢?

只要把握得当，戏谑调笑的化解法大多数人都拒绝不了它的"功效"，因为它能使人开怀大知，舒展情绪，在笑声中淡化尴尬与窘迫。

● 主动调侃自己

当我们与别人交往时，由于我们的过失，造成谈话中间出现了难堪，这时我们不要责备他人，还是找找自己的责任，采用自我调侃的方式低调退出吧。

有一次，10多年没见的老同学聚会，因为大家都是好朋友，所以说起话来更是直来直去。有一位男同学打趣地问一位女同学说:"听说你的先

生是大老板，什么时候请我们到大酒店吃一顿？"他的话刚说完，这位女同学有点不安起来。原来这位女同学的丈夫前不久因发生意外去世了，但这位开玩笑的男同学并不知道，因而玩笑开得过了一点。旁边的一位同学暗示他不要说了，谁知这位男同学偏要说，旁边的那位同学只得告诉他真实的情况，这位男同学非常尴尬。不过他迅速回过神，之后调侃地说："你看我这嘴，几十年过去了，还和当学生时一样没有把门的，不知高低深浅，只知道胡说八道。"女同学见状，虽有说不出的苦涩，但仍大度地原谅了老同学的唐突，苦笑着说："不知者不为怪，事情过去很久了，现在可以不提它了。"男同学便忙转换话题，从尴尬中解脱出来。

当我们处于类似的由于我们自己的原因，造成不好下台，最好的办法就是：不要死要面子活受罪，可以采用自我调侃的办法，来得真诚一点，像上面的那位男同学，表达自己真诚的歉意，而对方也不会喋喋不休地责备我们，相反还会因为我们的真诚，一笑而置之。

然而，当由于他人的原因甚至恶意使你陷入窘境时，逃避嘲笑并非良方，也不是超脱。相反的，你殚精竭虑地力图反击，很可能会遭到对手更多的嘲讽，不如来个180度大转变的超脱。这种超脱既能使自己摆脱狭隘的自尊心理束缚，又能使凶悍的对手"心软"下来。20世纪50年代初，美国总统杜鲁门会见十分傲慢的麦克阿瑟将军。会见中，麦克阿瑟拿出烟斗，装上烟丝，把烟斗叼在嘴里，取出火柴。当他准备划燃火柴时，才停下来，对杜鲁门说："抽烟，你不会介意吧？"

显然，这不是真心地向对方征求意见。杜鲁门讨厌抽烟的人，但他心里很明白，在面前的这个人已经做好抽烟准备的情况下，如果说他介意，那就会显得自己粗鲁和霸道。

杜鲁门看了麦克阿瑟一眼，自嘲道："抽吧。将军，别人喷到我脸上的烟雾，要比喷在任何一个美国人脸上的烟雾都多。"

杜鲁门总统以自我解嘲的形式来摆脱难堪的境况，而他自嘲，还包含着深深的责备和不满，无形中则给了傲慢的将军以含蓄的训诫。

当然，大多数人制造尴尬都不是恶意的，而是出于不小心。这时候，如果你过分掩饰自己的失态，反而会弄巧成拙，使自己越发尴尬。而以漫不经心、自我解嘲的口吻说几句取悦于人的话，却可以活跃气氛，消除尴尬。

某次，柏林空军军官俱乐部举行盛宴招待会，主宾是有名的乌戴特将军。敬酒时，一位年轻士兵不小心将啤酒洒到了将军光亮的秃头上，士兵吓得魂不附体，手足无措，全场人目瞪口呆。面对颤抖的士兵，乌戴特微笑着说："老弟，你以为这种治疗会有效吗？"在场的人闻言大笑起来，难堪的局面被打破。

1915年，丘吉尔还是英国的海军大臣。不知他是心血来潮，还是什么原因，突然要学开飞机。于是，他命令海军航空兵的那些特级飞行员教他开飞机，军官们只好遵命。

丘吉尔还真有股韧劲，刻苦用功，拼命学习，把全部的业余时间都搭上了，负责训练他的军官都快累坏了。丘吉尔虽称得上是杰出的政治家，但操纵战斗机跟政治是没什么必然联系的。也可能是隔行如隔山吧，总之，丘吉尔虽然刻苦用功，但就是对那么多的仪表搞不明白。

有一次，在飞行途中，天气突然变坏，一段16英里（约26千米）的航程竟然花了3个小时才抵达目的地。

着陆后，丘吉尔刚从机舱里跳出来，那架飞机竟然再次腾空，一头撞到海里去了。旁边的军官们都吓得怔在那里，一动不动。

原来，匆忙之中的丘吉尔忘了操作规程，在慌乱之中又把引擎发动起来了，望着眼前这一切，丘吉尔也不知所措，好在他并没有惊慌，装作茫然不知似的，自我解嘲道："怎么搞的，这架飞机这么不够意思。刚刚离开我，就又急着去和大海约会了。"

一句话，缓解了紧张的气氛，也让丘吉尔摆脱了尴尬。

在尴尬的场合，运用自嘲能使自尊心通过自我排解的方式受到保护。而且还能体现出说话者宽广大度的胸怀。

丘吉尔有个习惯，一天之中无论什么时候只要一停止工作，他就爬进热气腾腾的浴缸中去泡一泡，然后就光着身子在浴室里来回地踱步，一边思考问题，一边让身体放松放松，有时甚至会入迷。

　　有一次，丘吉尔率领英国代表团到美国去进行国事访问，他们受到热情款待。为了方便两国领导人的交流、沟通，组织者专门让丘吉尔下榻在白宫，与美国总统罗斯福离得很近。一天，丘吉尔又像往常一样泡在浴缸里，尔后光着身子在浴室里踱步。当时，世界反法西斯战争进行得如火如荼。丘吉尔在思考着战场上的形势，以及如何同美国联手对付德国法西斯。想着，想着，他已经忘了自己在什么地方，而且还是光着身子。

　　碰巧，这时罗斯福有事来找丘吉尔，发现屋里没人。罗斯福刚欲转身离去，听见浴室里有水响，便走过来敲浴室的门。

　　丘吉尔正在聚精会神地考虑问题，听见有人敲门，本能地说了一句："进来吧，进来吧。"

　　门打开了，美国总统罗斯福出现在门口。罗斯福看到丘吉尔一丝不挂，十分尴尬，进也不是，退也不是，索性一言不发地站在门口。

　　此时，丘吉尔也清醒了。他看了看自己，又看了看罗斯福，急中生智地说道："进来吧！总统先生。大不列颠的首相是没有什么东西可对美国总统隐瞒的！"说罢，这两位世界知名人物都不约而同地哈哈大笑。

　　尴尬场合，运用自自我调侃可以平添许多风采。当然，自我调侃要避免采取玩世不恭的态度。具有积极因素的自我调侃包含着自嘲者强烈的自尊、自爱。自我调侃实质上是当事人采取的一种貌似消极，实为积极的促使交谈向好的方向转化的手段而已。

● 找个化解尴尬的"台阶"

　　在社交活动中，能适时地为陷入尴尬境地的对方提供一个恰当的"台阶"，使对方免丢面子，也算是处世的一大原则，也是为人的一种美德，这不仅能获得对方的好感，而且也有助于自己树立良好的社交形象。否则对方没能下得"台阶"而出了丑，可能会记恨终生。相反，若注意给人"台阶"下，可能会让人感激一生。是让人感激还是让人记恨，关键是自己在"台阶"上不陷入误区。

　　外圆内方的人，不但尽量避免因自己的不慎而使别人下不了台，而且还会在对方可能不好下台时，巧妙及时地为其提供一个"台阶"。这是因为他们在帮助别人"下台"时，掌握了正确的方法。

1. 不露声色搭台阶

心理学的研究表明，谁都不愿把自己的错处或隐私在公众面前"曝光"，一旦被曝光，其就会感到难堪或恼怒。因此，在交际中，如果不是为了某种特殊需要，一般应尽量避免触及对方所避讳的敏感区，避免使对方当众出丑。必要时可委婉地暗示对方已知道他的错处或隐私，便可对他造成一定的压力。但不可过分，只需"点到而已"。

既能使当事者体面地"下台阶"，又尽量不使在场的旁人觉察，这才是最巧妙的"台阶"。有一则报道很能启发人。在广州一家著名的大酒家，一位外宾在吃完最后一道茶点后，顺手把精美的景泰蓝食筷悄悄"插入"自己的西装内衣口袋里。服务小姐不露声色地迎上前去，双手擎着一只装有一双景泰蓝食筷的绸面小匣子说："我发现先生在用餐时，对我国的景泰蓝食筷颇有爱不释手之意。非常感谢你对这种精细工艺品的欣赏。为了表达我们的感激之情，经餐厅主管批准，我代表酒家，将这双图案最为精美并且经过严格消毒处理的景泰蓝食筷送给你，并按照大酒家的'优惠价格'记在你的账上，你看好吗？"那位外宾当然明白这些话的弦外之音，在表示了谢意之后，说自己多喝了两杯"白兰地"，头脑有点发晕，误将食筷插入内衣口袋里，并且聪明地借此"台阶"，说"既然这种食筷不消毒就不好使用，我就'以旧换新'吧！哈哈哈。"说着取出内衣口袋里的食筷恭敬地放回餐桌上，接过服务小姐给他的小匣，不失风度地向付账处走去。如果服务员想让这位外宾"出洋相"真是太容易了，但她没有那样做，而是委婉地暗示对方的错处。外圆内方的人往往都会这样不动声色地让对方摆脱窘境。

2. 增光添彩设台阶

有时遇到意外情况使对方陷入尴尬境地，这时，"外圆内方"的人在给对方提供"台阶"的同时，往往会采取某些妥善措施，及时给对方的面子上再增添一些光彩，使对方更加感激不尽。

此外，还有顺势而为送台阶法和挥洒感情造台阶法。

顺势而为送台阶法，就是依据当时当场的势态，对对方的尴尬之举加以巧妙解释，使原本只有消极意味的事件转而具有积极的含义。

挥洒感情造台阶法，就是故意以严肃的态度面对对方的尴尬举动，消除其中的可笑意味，缓解对方的紧张心理。

人人都有下不来台的时候。学会给人下台阶，既可以缓解紧张难堪的气氛，使事情得以正常进行，又能够帮助尴尬者挽回面子，增进彼此的关系。要达到这样的目的，我们应系统地学会使用以上技巧。

● 装聋作哑，糊涂到底

实习期间，一位实习老师在黑板上刚写了几个字，学生中突然有人叫起来："实习老师的字比我们李老师的字好看！"

真是语惊四座，稚幼的学生哪能想道：此时后座的班主任李老师该多么尴尬！对这位实习生来说，初上岗位，就碰到这般让人难堪的场面，的确使人头疼，以后怎样同这位班主任共度实习关呢？怎么办？转过身来谦虚几句，行吗？不行！这位实习生灵机一动，装作没有听到，继续写了几个字，头也不回地说：

"不安安静静地看课文，是谁在下边大声喧哗？"

此语一出，后座的李老师紧张尴尬的神情，顿时轻松多了——尴尬局面也随之消除。

这里的实习老师巧妙地运用了"装聋作哑"的技巧，避实就虚，避开"称赞"这一实体，装作没有听清楚，而攻击"喧闹"这一虚像。既巧妙地告诉那位班主任"我根本没有听到"，又敲打了那位学生的称赞兴致，避免了学生误认为老师没有听见可能再称赞几句，从而再次造成尴尬的局面。

"装聋作哑"，就是指对别人的话装作没有听到或没有听清楚，以便避实就虚、猛然出击的处理问题的方式。它的特点是：说辩的锋芒主要不在于传递何种信息，而是通过打击、转移对方的说辩兴致使之无法继续设置窘迫局面，化干戈为玉帛，能够寓辩于无形，不战而屈人之兵。当然唯有具有深阅历的人方能达到这种效果。在人际交往中，这种方式的使用场合很多。

英国前首相威尔逊在一次竞选演讲中，遭到一个捣乱分子的挑衅。演讲正在进行，捣乱分子突然高声喊叫："狗屁！垃圾！臭大粪！"这个人的意思很明显，是骂威尔逊的演讲臭不可闻，不值得一听。但是威尔逊不理会他的本意，只是报以容忍的一笑，安慰他说："这位先生，我马上就要谈到你提出的环境脏乱差问题了。"随之，听众中爆发出掌声、笑声，为威尔逊的机智妙答喝彩。

别人的刻薄攻击，不仅可以当作耳旁风，而且还能对其反讥一番，这可是化解尴尬的最好途径。

对于一些敏感性问题，提问者一般不直接就问题的本质提出质疑，而是从其他貌似平常的事物着手，旁敲侧击地进行诱导性询问。这时，我们可以故意装作不懂对方的真正用意，而站在非常表面的、肤浅的层次上曲解其问话，并将这种曲解强加给对方，使对方意识到我方的有意误解实际上是在表达委婉的抗议和回避，从而识趣地放弃自己的追问。

在人际交往中，有许多场合都可以使用"装聋作哑"的办法，躲开别人说话的锋芒，然后避实就虚、猛然出击。其技巧关键在于躲闪避让的机智，虽是"装作"，却正如实施"苦肉计"一样，一定要表演得自然。

第二节 轻松解决工作中的说话难题

● 成功说服老板为自己加薪

身在职场，我们都对加薪怀有浓厚的兴趣。那么怎样要求加薪且能如愿呢？

在要求加薪之前往往要准备很长一段时间。根据一位成功的管理者总结，为加薪做准备需要实施 6 个重要步骤。

1. 成为你所从事领域的权威

首先，了解你的工作，并保持对它的了解，不断进步。假如赶不上你所从事职业的发展，就不会有提升的机会。但同时，不要自大地认为自己是不可或缺的，因为根本没有这种人。

2. 同你的老板建立真诚的工作关系

任何经理、总监都不会给他不喜欢的人加薪或晋级。一般来说，老板都喜欢衷心赞美他并让他感到自己价值的那些人。精明的雇员都盛赞老板并向老板表现这种赞赏。但赞赏不等于阿谀奉承。称赞一个人最好的方法是称赞他的业绩而不是赞美他本人。

3. 表现自己

那种认为只要工作做得好，就自然会得到提升和加薪的想法是错误的。

你必须让自己受到注意。

通常情况是，你的老板认识不到你是多么优秀，让他了解这一点——不要引起反感，不要显出骄横——在办公室里、工作餐上、办公聚会或其他社交场合。

千方百计让你的名字在上司的脑海中扎根。最好的广告正是这样做的。正像一位总经理说的："广告最重要的就是重复。不断地重复才可树立形象。我们不介意人们是否准确记住我们对某种产品所做的介绍。我们只希望大家能记住产品的名称，那就足够了。"

4. 让上级时刻掌握你的动态

不要让他们经常来查你，要让他们不必常来检查就可了解你的任务正在按计划正常执行。这就说明你是可靠的，可以完成工作。

5. 振作精神准备加薪谈判

不要迟疑或是低估自己。我们把价值看作成本。你对公司的价值和你所拿工资有直接联系。

告诉你的老板给你加薪后他会得到哪些好处。他将得到的最大好处就是能得到你宝贵的帮助。但发出最后通牒之前，一定要找到其他工作。

此外要注意的是，想要得到加薪，还必须选择适当的时机。一般要避开周一和周五。周一会有很多使工作重新入轨的具体事情。等到了周五，人们又会以最快的速度清理办公桌，准备去度周末。让老板加薪最好的时机是你刚刚出色地完成一项非常困难的任务，老板也肯定了你的工作成绩以后。

● 批评下属讲方法

在实际工作中，下属不可避免地要犯一些错误。本来挨批评肯定是一件很痛苦的事情，如果再不讲究批评的方法，那么后果就不那么乐观了。怎样做才能既批评了下属，又能让人心甘情愿地接受呢？

1. 以客观、严肃、平静的方式面对员工

领导者通过自由、轻松、非正式的方式处理问题有利于促进人际交往活动，因为，在这种情境下员工会感到无拘无束。因此，作为管理者的领

导者应尽可能地避免愤怒或其他情绪反应，而应以平静的、严肃的、客观的语气来表述你的意见。但也要避免以开玩笑或聊家常的方式来减轻紧张的压力。这类举动，会给员工传递一种相互矛盾的信号。

2. 指明问题所在

当你与员工坐在一起时，要明确指出你有具体针对这一问题的有关记录。向当事人出示违规发生的日期、时间、地点、参与者及其他任何环境因素。要用准确的语言来表述和界定过失，而不要仅仅引证组织的规章制度或劳动合同。你要表达的并不是违反规则这件事情本身，而是违规行为对整个组织绩效所造成的影响。要具体阐明违规行为对员工个人的工作绩效、对整个单位的工作绩效以及对周围其他同事所造成的不良影响，这样才能解释这一行为不应再发生的原因。

3. 讨论不针对具体人

批评应指向员工的具体行为而不是他的人格特征。例如，一名员工多次上班迟到，就向他指出这一行为其实是增加了其他人的工作负担，他的这一行为会影响整个部门的工作士气等，而不要一味地指责此人自私自利或不负责任。

4. 允许员工陈述自己的看法

无论你有什么样的事实或证据支持你的谴责，正确的工作方法应该是：给当事人一个机会陈述自己的看法。如果在违规方面，你与当事人的观点差异很大，你就应该做进一步的调查。

5. 保持对讨论的控制

在人际交往中，人们都希望鼓励开放式的对话，希望抛开控制而制造一种双方平等的沟通气氛。但在实施批评时却不一样。因为，违规者会利用一切机会将你置于守势。也就是说，如果你不进行控制，他们就会控制。对员工的批评就是在权力基础下的活动，要想巩固组织准则和规程就必须进行控制。既要让员工从自己的角度陈述所发生的事情，又要抓住事实真相，不要让他们干扰你或使你偏离目标。

6. 对今后如何防范错误达成共识

批评应包括对错误改正的指导。在批评中，要让员工谈谈他们今后的计划以确保这类违规行为或过失不会再犯。对于严重的过失或违规行为，要让他们制定一个改变此行为的计划，然后安排出以后见面的时间表，以便于评估他们每一次的进步。

7. 逐步选择批评程序，并考虑环境因素的影响

选择什么样的惩处手段是十分重要的。如果某种违规行为重复发生，处罚就应该逐级加重。一般情况下，批评活动以口头批评为最轻，而后依次为通报批评、暂时停职、降职或降薪，最严重的事情，则开除处理。需要强调的是，你所选择的惩处措施应该是公平一致的，这意味着你需要考虑环境因素。例如，这一问题的严重程度有多大？对这一违规事件，员工在多大程度上曾被警告过？他过去是否有过类似的违规行为？对于这一类问题的了解能够确保我们在处理过程中考虑到环境因素的影响。

无论处于何种情况下，批评下属都要讲究一定的方法，切不可不顾实际地乱批评一通，造成一些不必要的后果。

● 调到新环境中的说话技巧

你从一个环境转调到一个新环境中，面对的上司和同事都是陌生的，从事的工作有时也与你以往做过的不大相同，这无形中在你的内心造成一种负担，仿佛人海茫茫，你却在一个孤岛上，不知道如何才能使自己投入人群之中并被大家所接纳。

在人们的内心深处，对外来及新来的人都多少有些排斥心理，你如果聪明的话，就应该首先抛开自己对他人的陌生感、畏惧心、戒备心等。一方面多多拜访你的新同事、新上司，另一方面专注地投入你的新工作。这样的话，人们很快会适应你、接受你，因为你的拜访说明你对他们有兴趣，喜欢和他们结交、相识；同时你专心投入工作，也使他们认为你是个很认真，并喜欢你的新职位的人，表明你在各个方面都力求和他们保持一致，所以他们会很快消除对你的排斥心理，愉快地把你作为他们中的一员的。

有一次，某单位同时调进两个人，一个叫玲玲，一个叫菲菲。玲玲是

个性格开朗、爱说话的人；菲菲则显得严肃而沉默寡言。

玲玲虽然看似开朗、爱说话，但似乎目中无人，来到新单位很久了，不但没有拜访过任何人，而且工作当中也从未向别人讨教过，也许她认为有能力干好自己的工作。大家认为：此人能调来本单位，一定是上面有什么人。看她那样子，也不像是个干好工作的料儿。我们干了这么多年这种工作，还免不了要互相请教、学习，可她新来的，不经过学习就能把工作干好？

相反，大家对那个沉默寡言的菲菲，却大力赞扬，认为她相当不错，有思想、有见解，对于工作方面的许多设想和看法都和自己不谋而合，因此从内心里接受她做朋友。

原来，爱说话的玲玲自从调来单位，除在办公室见面应酬之外，业余时间她从未和别人交谈过；而菲菲在办公室却很少寒暄，总是低头工作，而工作之余的时间，却问长问短，逐家拜访、了解，打听新环境、新单位的一些情况，顺便也提出许多工作上的问题向同事们讨教，通过来来往往、反反复复地交谈、沟通增加了彼此间的了解，同时也增进了友谊。

所以一旦当你转入一个新单位、新环境，最好的方法就是利用业余时间多和人们交流，多向人学习、讨教，通过你的话语，要让人们知道，你需要他们的帮助，你需要他们的友谊。如果你能做到这种程度，那么还会有谁能拒绝你伸出的友谊之手呢？

只要你诚恳、虚心并主动向他人伸出友谊的手，人们也一定会张开双臂欢迎你的。

● 被提拔时要怎样面对同事

在现代社会，提拔有德有才之士到领导岗位上是常见的。这些人大都年富力强，前途远大，不管他们自身愿不愿意，一旦到了领导岗位，就必须掌握说话的艺术和技巧。在被提拔之前，你或许只是个芝麻大的小官，或许是个平民百姓，话说得好不好，对你的影响不太大；可现在不同了，你到了领导岗位上。

古人认为，官场之妙，妙在心机和口舌。可见学会说话已是你当务之急。

在你被提拔之后，原来的领导或许成了你的同仁，而原来的同事成了你的下级，这样在你与他们之间就突然有了一种很微妙的距离感。你如何说话才能尽快打破这种局面呢？下面的方法可以一试。

1. 对新同事的说话技巧

"各位领导，原来你们是我的上级，曾经不断鼓励我争取上进，并给了我许多机会显示自己的能力和才华，才使我在众多候选人中脱颖而出，得到提升。

"我很感谢各位对我的扶持和帮助，也希望在今后的工作中继续给我指出努力和前进的方向。

"对于做领导的艺术和学问，我想我一定不会像你们那样在行，你们从事领导工作时间比我早，所以在许多方面都是我的老师，我要好好向你们讨教学习……"

2. 对旧同事、新下级的说话技巧

"以前我们大家是同事，在一起打打闹闹，处得非常愉快，现在虽然没有机会多和大家热闹，但我们的关系还和过去一样是平等的，在工作中希望大家支持我；工作之外，和过去没有任何区别，你们有什么意见和要求可随时提出来，有什么建议和不满也随时反映，我一定会尽自己的能力尽快地给予解决。

"希望大家理解和支持我的工作！希望大家配合我把工作做得更好！"

这样一番话说下来，相信谁也不会与你为难，对你心存芥蒂了。

● 有效说服固执的员工

人们几乎总是害怕并且抵制各种变化，你的员工也不例外。当你要求某人换一种方式做事，要求他们改进或者改变方法，得到的回答常常是借口、争辩、泪水、瞪眼或缄默，而你的反应则会是愤怒或发作。

抵制变化的人往往用过去来证明为什么他们不能换一种方式。这个时候要说服你那固执的员工，下面的 6 步方法可以作为借鉴。

1. 创造良好的谈话氛围

与好抵制者的交锋多半在会面开始前就注定要失败了。

比如当你在与下属谈起以前那件事情时，你可以从那些非语言动作，如嘴巴紧张不安的抽动，无缘无故的咳嗽，搔头皮。可以看出，他头脑中的警报系统正在响起。使他害怕的原因是，他已经估计到这次见面可能有不愉快的结果。

为了创造良好的氛围，你一定不要那么严肃，而是应该采取令人愉快的建设性的态度。先表示真诚的赞扬。要表扬的是他的具体成绩而不是他的全面表现。真诚的赞扬冲淡了对方为自己辩护的必要，也就关掉了他内心的警报。

通过重申相互关系消除他对被解雇或降职的担忧。要让他知道，他和你以及公司在一起是有前途的。当谈到今后的项目中仍然有他参加时，他会体会到言外之意，而你也能看到他逐渐放松心情，自卫意识进一步减弱了。

此外还要注意的是，要求的变化不能太大。每一次只变化一小步，以使阻力最小。

2. 把话题紧紧控制在你的要求上

你最好学会在几秒钟之内讲出为促成变化而特地设计的妥协条件。

例如，"小王，如果所有工作在星期五中午前修改完，那你星期五下午就可以休息了。好吗?"

你微笑着简要地讲明变化，接着说"好吗?""同意吧?"或者"我们就这么定吧?"不要多说，你提的是合理建议，给对方机会表示同意。如果在等待同意时保持微笑而且闭嘴不说话，就可以避免一个大错——继续讲下去。

3. 判断对方的真实想法

认真分析对方的反应，如果对方给你的回答不是"行"，那就要仔细分析他的反应，搞清楚他的反对是合理的还是抵制性的。把注意力集中在对方的反应上，同时切忌主观臆断。你让人搬一件重物，而他告诉你他的背部肌肉刚刚拉伤，这时你的表态一定要恰当。如果你把它错误判断为躲避工作的借口，那你就很可能面临一起投诉或伤残索赔。

对争辩也要作仔细分析。如果有人公开批评或不同意你的要求，你容易把它看作是抵制而加以拒绝。不要这样做。要耐心倾听，看看他的论点是否言之有理。如果他的情况情有可原，或者论据合理，就不要坚持让他服从你的要求。承认他的批评是正确的，感谢他指出这一点，收回或修改你的要求。

4. 运用竹子定律

台风扫过热带地区时，竹类植物能逃脱厄运不受损伤。竹子只是弯曲下来，一旦风暴吹过，竹子会在瞬间弹回原位。

你用竹子的这种方法非常有效，因为它使抵制泄了劲，而你所要求的变化却还保留下来且毫无变化。现在来看看竹子战术如何对付更激烈的言辞和其他抵制办法，并且平静地实现变更。

你可以说："也许我不能总是做到应有的敏感。如果你在中午前完成这项目，那我将乐意……"

"在有些场合我可能脾气很坏。这是我的建议。如果……那么……"采用"也许"、"可能"以及"在某些场合下"等词，使你在不完全同意的前提下表示听到了对方的回答。

5. 堵死对方拖延推脱的企图

对方利用一个又一个抵制战术，想要避免变化并试图令你厌倦。在他得逞之前就要迅速采取行动。通过介绍抵制的可能后果，堵死对方拖延讨论的企图。

"杰斯，如果我们不能在30秒内就这件事达成一致，那么他就没办法了，只要……"警告对方即将面临的负面后果，不必采用强加于人的做法去吓唬对方，而是让可能的后果去起作用。

6. 巩固对方已有的转变

当对方同意做出你所要求的变化时，要落实整个"交易"。重述一遍变化的细节并征求他的同意。写成书面协议可能会有用处，然后由双方签署。

● 锋芒太露招人忌

俗话说："枪打出头鸟。"锋芒太露了总是会招人嫉妒的。一个人只有

时刻保持谦虚的态度，他的路才能走得长远。

身在职场处于优位时，自然是可喜可贺的事。如果别人一提起一奉承，你就马上陶醉而喜形于色，这会无形中加强别人的嫉妒。所以，面对同事的赞许恭贺，应谦和有礼、虚心，这样不仅能显示出自己的君子风度，淡化同事对你的嫉妒，而且能博得同事对你的敬佩。

"小姜毕业一年多就提了业务经理，真了不起，大有前途呀！祝贺你啊！"在外单位工作的朋友小叶十分钦佩地说。

"没什么，没什么，老兄你过奖了。主要是我们这儿水土好，领导和同事们抬举我。"小姜见同一年大学毕业的小吴在办公室里，便压抑着内心的欣喜，谦虚地回答。小吴虽然也嫉妒小姜的提拔，但见他这么谦虚，也就笑盈盈地主动招呼小姜的朋友小叶："来玩了？请坐啊！"

不难想象，小姜此时如果说什么"凭我的水平和能力早可以提拔了"之类的话，那么小吴不妒忌、进而与小姜难以相处才怪呢。

在职场中，当你明显比同事强时，你在感情上还是要和大家在一起，千万不能与他们拉开距离，同事们也就不会再嫉妒你了，同时也会在心里承认你的"优位"是靠自己努力换来的。当你处于优位时，注意突出自己的劣势，就会减轻妒忌者的心理压力，产生一种"哦，他也和我一样无能"的心理平衡感觉，从而淡化乃至免除对你的嫉妒。

小李是大学刚毕业的新教师，对最新的教育理论有较深的研究，讲课亦颇受同学欢迎，以致引起一些任教多年却缺乏这方面研究的老教师的强烈妒忌。为了改变自己的处境，小李便故意在办公室的同事面前大暴自己的劣势：教学经验一点都没有、对学校和学生的情况很不熟悉等，最后还一再强调"希望老教师们多多指教"。

就这样，小李自暴劣势后，终于有效地淡化了自己的优位，衬出对方的优位，减轻弱化了老教师对他的妒忌。

刚进职场的年轻人，纯真、热情、有正义感，就像"初生牛犊不怕虎"似的，面对单位里的一些"黑暗"现象，总是忍不住"拍案而起"，慷慨陈词。但是，他们的好心之言，往往会受到同事们的误会，这些刚进职场的新人因此而受到同事们有意无意地冷落，甚或是打击报复。

毕业后，张先生在出版社当了一名助理编辑，他文笔不错，学习意愿高，因此进出版社才5个月，就把与出版有关的事务摸得一清二楚。

有一次，社长召集大家开会，轮到张先生报告时，他提出印刷品质不好及成本太高的问题，并说假如能降低3%的成本，每个月就能省下20万～30万元，最后，还说那家印刷厂是印刷费用收得最高的一家。

社长对他的报告没有发表任何意见，但从这一天开始，张先生开始感觉到负责印务的同事对他的不友善。

8个月后，张先生离开了这家出版社。

任何人都不喜欢被批评作检讨，尤其是在公众场合。因为一则有伤自尊，一则任何批评检讨都会引起旁人的联想与断章取义的误解。总之，批评是带有伤害性的一件事。张先生的批评，狠狠地踢了印务部门一脚，印务部门的同仁当然会"记恨于心"。

你想要"出头"，也一定要周全考虑这样做哪些人的利益和自尊会受到损害。同事不要得罪，上司更不能无意得罪，那样就太冤枉了。

比如在职代会上，公司正在讨论一方案，一代表发言："我认为，还应该加入一点……"

而另一代表发言："我经过对这个方案的多方考虑，认为有点不太理想的地方，我提出来，你指正一下……"

对于前者，上司只是神情冷漠地听了一遍，无所表示。对于后者，上司却着着实实地考虑了一番，从此以后，公司里的事，还常常征求他的意见。

再无能的上司也是自负的上司。在上司面前，你最好不要表露"我比你聪明"的意向，在谦虚的请教之中表达你的意见是你最好的选择。

把握上司的自负心理，谦虚地提出你的建议和意见，一定会使你的事业飞黄腾达。

避人锋芒的最好办法就是时而"不耻下问"，满足对方好为人师的心理，做个好学生。有的新员工进公司后没有多久，就能融入公司的整体氛围中，说话办事都适应公司的作风。而有的人只做了两三个月就辞职了，因为他

们实在是无法适应公司的作风，并且与同事之间的关系是别扭而疏离的。为什么会有这些不同的情况出现呢？关键就在于前者往往善于不耻下问。

职场上的路是要靠自己走出来的。在你"不耻下问"的过程中，你与工作中其他人员的关系往往会更加紧密，从而带来更加美好的成果。

古人云："人之恶在于好为人师。"可见一般人都有这样的心理：除了爱听奉承话之外，还愿做别人的老师。

在与同事或上司交往时，你也不妨做一个忠诚的听众。把别人都当成自己的老师，少说多听，做一个学生，给对方充分表现自己的机会，最后达到保护自己的目的。这就是"甘为人徒"法的根本所在。

以人为师，少说为佳，并不是不说话。你得说，投其所好，不懂就问；懂的，有时也要暂时装作不懂去问。你提问的方式，要能使对方口若悬河，使对方心里有一种满足感和被尊重感。这时再露锋芒，也不会太引人注目，你的目的也就容易实现了。

扫码获取
更多资源

第三节 让难说的话变轻松

● 不想借给别人钱时怎么说

在人际交往中，借钱本来就是个十分敏感的话题，尤其当好朋友向自己借钱时，那个"不"字就更难说出口了。这时，你可以借鉴下面的几个方法，让借钱之人知难而退。

1. 义正词严，揭穿老底

小王的一个很久不曾联系的高中同学跑来向他"借"钱，声称等存款到期了就立刻还钱。

小王听后哑然失笑，当即毫不留情地说：

"你别坑我了，我听说你现在到处借钱，两年前你向我们的同学辉子借的 2000 元，到今天还没还，哪可能还有什么存款来还我呀！"

听完这番话，来"借"钱的人只好灰溜溜地走了。

有些人借钱时喜欢虚张声势，不会承认自己没钱，而是声称自己很有钱，只不过暂时拿不到，因为"急用"，让你暂且"借"一下。面对这种人，你不妨可以根据自己掌握的信息，毫不客气地揭穿对方的老底，让对方无法再蒙骗过关。

2. 提高警惕，辩驳对方

老李的一个朋友来找老李借钱，说生意势头很好，只是本钱比较紧张，

希望老李能借 2 万元作本钱，并声称每月的利息高达 5 分。

老李是个处事稳重的人，他觉得如此高的利息确实诱人，但利息越高可能风险也越大，于是他心里开始琢磨这事的可信性。他问对方：

"你借我 2 万元本钱，一年可挣回多少利润啊?"

"5000 元。"没做准备的对方信口开河，接着又说："1 年期满后我连本带利分文不差归还!"

这下老李严肃起来，辩驳道：

"你向我借这笔钱，一年的利息高达 1.2 万元，而你利用这笔钱仅能挣 5000 元利润。那么，你是专程来让我挣利息的还是在为你自己做生意的?"

老张的辩驳让对方哑口无言，只得狼狈而逃。

有些人专会利用大多数人想以钱生钱的发财心理，假借"高利"的幌子向朋友"借"钱，实则是在骗钱。如果你碰到了这种人，一定要头脑清醒、提高警惕，在心中盘算盘算事情的可信度，当场辩驳了对方，就会让他的诡计落空。

3. 索债转移，吓退对方

老张一个朋友不期而至，说是要借 1 万元钱去做点生意，老张不想把钱借给他。于是说：

"你来得正好! 云飞公司欠我半年的工资，咱们一起去要，要回来你拿去用就是了!"紧接着又说：

"不过，那家公司老板是个泼皮，还养着一群保镖打手，不讲理得很呢!"

老张的朋友闻之色变，主动托故离去。当有人向你借钱，你又不好意思直接拒绝的话，不妨试试这"索债转移"的技巧，不是你不把钱借给对方，而是给向你借钱的设置了一个帮你把债务讨回来的前提条件，让对方知难而退。这样，不仅给了对方面子，又不会使自己吃亏。

● 当别人打探你的隐私时该怎样说

隐私本是一个人内心深处的不愿被别人知道的东西，但是在人际交往中，有些人总是会有意或无意地触及别人的隐私。不管问的人动机如何，

一旦被问的人回答不好，很有可能会产生一些不良的后果。那么当你面对被问及隐私时该怎样回答呢？下面的几种方法不妨一试。

1. 答非所问

菲律宾前总统科拉松·阿基诺夫人，在出席一次记者招待会时，记者问她有多少件旗袍礼服科拉松·阿基诺夫人不假思索地回答：

"我所有的旗袍礼服都是第一流服装设计师奥吉立德罗为我设计的。你知道吗？她经常向我提供最新流行的服装样式。"

别人问数量，她却回答是谁设计的，这样回答明显地属文不对题，然而，那位记者却知趣不再追问了。

2. 似是而非

有一位女名人准备与一位考古学家结婚，朋友问："你为什么会选择考古学家？"她一本正经地回答：

"对一个女人来说，选择考古学家做丈夫是最明智的选择，因为这样一来，她就不用担心衰老，考古学家对越古老的东西越感兴趣。"

似是而非的回答往往让那些爱探听隐私的人无功而返，它的奇妙之处就在于听上去你像是在回答对方的问题，但其实并不是对方想要的答案。

3. 绕圈子

世界著名男高音歌唱家帕瓦罗蒂不愿把自己的体重公开，于是，当有人问他现在体重多少时，他说："比过去轻。"再追问他过去多重时，他说："比现在重。"他用的是和对方绕圈子的技巧，绕来绕去，最后对方还是什么信息也得不到。

4. 否定问题

著名影星、孙悟空的扮演者六小龄童，在一次记者招待会上，有一位记者问他："当初谈恋爱，你和于虹谁追的谁？"六小龄童回答：

"到底谁追谁，有什么重要？我们都没有想过要'追'对方，因为不是在赛跑，一个在前一个在后，我们是夜色中的两颗星星，彼此对望了几个世纪，向对方眨着眼睛，传递着情意。终于有一天，天旋地转，我们就像磁石的两极碰到一起，吸在一起了。"

六小龄童根本就没有回答对方的问题，而是一开始就否定了对方问题的前提，即认为两人谈恋爱不一定是一方主动追另一方，随后便对两人的爱情作了一个浪漫、精彩的比喻。这样既回答了记者的提问，又没有透露自己的隐私。生活中，遇到有人打听隐私的时候，这不失为一个好办法，从一开始就否定对方的问题，自然也就不用按照他的提问来回答了。

5. 直言相告

有一位女士因公出差，在火车上和旁边的一位看起来挺有涵养的男士交谈起来。谁知，谈着谈着，男士突然话题一转，问了一句：

"你结婚了吗？"

女士一听顿时心生厌恶，于是她态度平和地对那位男士说：

"先生，我听人说过这样一句话，前半句是'对男人不能问收入'，所以我一直没打听你的收入；后半句是'对女人不能问婚否'，所以你这个问题我是不能回答了。请你原谅。"

有时候，对方打听你的隐私时，你可以开门见山，指出对方问话的不当，直言相告，表达自己的不满。

● 当别人提出不便当众回答的问题时该怎样说

当众回答某些难以回答的问题确实要顶着巨大的心理压力。因为严词拒绝回答问题将有失风度，但照实回答也是不可以的。面对这种难以选择的境地，可以通过下述方法顺利解决。

1. 反踢皮球，把难题还给对方

有一次，一位英国电视台记者采访中国作家梁晓声。记者老练机智，在进行一些交谈后，他突然提出一个问题："没有'文化大革命'，可能也不会产生你们这一代青年作家，那么'文化大革命'在你看来究竟是好是坏？"梁晓声灵机一动，立即反问："没有第二次世界大战，就没有以反映第二次世界大战而著名的作家，那么您认为第二次世界大战是好是坏？"对于"文化大革命"与产生青年作家之间的关系，一两句话是难以说清楚的。如果梁晓声顺着这个思路去回答，势必陷入尴尬的境地。在此，梁晓声巧妙地转移话题，反而把难题转移到对方自己头上去了，自己占据了主动地位。

2. 暂退一步，换位思考

1956 年在苏联共产党第 20 次代表大会上，赫鲁晓夫作了"秘密报告"，揭露、批评了斯大林"肃反"扩大化等一系列错误，引起苏联及全世界各国的强烈反响。大家议论纷纷。

由于赫鲁晓夫曾经是斯大林非常信任和器重的人，很多苏联人都怀有疑问：既然你早就认识到了斯大林的错误，那么你为什么早先没有提过不同意见？你当时干什么去了？你有没有参加这些错误行动？

有一次，在党的代表大会上，赫鲁晓夫再次批判斯大林的错误。这时，有人从听众席递来一张条子，赫鲁晓夫打开一看，上面写着："那时候你在哪里？"

这是一个不便直接回答的尖锐问题，赫鲁晓夫的脸上很难堪。他不想回答但又不能回避这个问题，更无法隐瞒这个条子，这样会使他更丢面子，让人觉得他没有勇气面对现实。他也知道，许多人有着同样的问题。更何况，这会儿台下成千双眼睛已盯着他手里的那张纸，等着他念出来。

赫鲁晓夫沉思了片刻，拿起条子，通过扩音器大声念了一遍条子的内容。然后望着台下，大声喊道：

"谁写的这张条子，请你马上从座位上站起来，走上台。"

没有人站起来，所有的人都吓得心怦怦地跳，不知赫鲁晓夫要干什么。

赫鲁晓夫又重复了一遍他的话，请写条子的人站出来。

全场仍死一般的沉寂，大家都等着赫鲁晓夫的爆发。

几分钟过去了，赫鲁晓夫平静地说："好吧，我告诉你，我当时就坐在你现在的那个地方。"

面对当众提出的尖锐问题，赫鲁晓夫不能不讲真话。但是，如果他直接承认"当时我没有胆量批评斯大林"，势必会大大伤了自己面子，也不合一个有权威的领导人的身份。于是赫鲁晓夫巧妙地即席创造出一个场面，借这个众人皆知其含义的场景来婉转、含蓄地隐喻出自己的答案。这种回答既不失自己的威望，也不让听众觉得他在文过饰非。同时赫鲁晓夫营造

的这个场景还让所有在场者感到他是那么幽默，平易近人。

当不便回答的问题被问及时，往往是双方都觉得对方的言行不合适，这时，如果采取退一步思考问题的策略，把角色"互换"一下，就能够很顺利地继续交谈下去。

● 面对过分的玩笑你该如何应对

玩笑开得过分时，气氛往往会变得比较尴尬或紧张，这种情况下，很多人还是希望能保持住自己说话的风度。那么，该如何应对这种过分的玩笑呢？你可以选择下面的方法作为参考，以便顺利走出困局。

1. 借题发挥

某业余大学中文班开学第一天开了个座谈会。首先，学员们一个个作自我介绍。当轮到来自农村的牛力时，他刚说了句："我姓牛，来自乡下……"不知谁小声说了句："瞧，乡下小牛进城喝咖啡了！"一下子，许多人都笑起来了。牛力先是一愣，但很快就镇定下来，说道：

"是的，我是来自乡下的小牛。不过，我进城是来'啃'知识的，以便回乡下耕耘。我'吃的是草，挤出来的是奶'。我愿永远做家乡的'孺子牛'！"

话音刚落，大家热烈地鼓起了掌，为牛力精彩的讲话喝彩。牛力用自己的机敏，顺着那位同学过分的玩笑话，引用鲁迅的名言，不但摆脱了尴尬的场面，而且表明了自己做人的准则，为自己赢得了喝彩。

当有人对你开的玩笑带有一定的侮辱性质，而开玩笑的人又不是恶意刁难你的时候，如果你能顺着对方的话，再借题发挥一番，反而把他的话变成你用来夸奖自己的话，可谓是一种最机智的选择。这样既能避免自己的难堪，又不至于把关系弄僵。

2. 诱"敌"上钩

集市上，几个小贩摆着麻袋和秤杆，等着收购农民拿来的山货。一位老农民来到一个商贩面前，诚恳地问："老弟，灵芝菌一斤多少？"老农的本意是问一斤灵芝菌能卖多少钱，小商贩见老农两手空空，以为他是问着玩玩的，就想开开他的玩笑，开心开心。小商贩于是答道："一斤是十两，你连这都不懂?"旁观者们哄笑起来，使得老农很尴尬。不过他略一定神之后，开始反问小商贩：

"你做多久生意了?"

小商贩随口答道："十年了。"

老农哈哈一声，脸露讥笑地说：

"亏你还是个生意人，人家问你多少钱你却回答多少两。我看你像个老生意人，才这么问的，哪里晓得你连'钱'都不懂，唉……"

老农故意拖长一声失望的口气，这回轮到小商贩被人哄笑了。

当有人纯属恶意地开你的玩笑时,你当然需要毫不客气地回敬,诱"敌"上钩就是其中的一种技巧。你要逐渐诱惑对方进入你语言的圈套，在适当的时候，就反戈一击，让对方自讨其辱。

3. 反唇相讥

生活中一些尴尬的局面，完全是由于别人不敬的玩笑引起，如果你隐忍退让，只会被人看扁；如果针锋相对，又会把事情搞僵。这时不妨采用反唇相讥的办法，把对方开自己玩笑的话返回到他自己身上去，从而为自己争取主动。

● 圆场的话该怎样说

在剑拔弩张的情况下，怎样说才能让气氛缓和下来，这确是个难题。我们不妨学一下下面的几个方面，使圆场的话变得不再难说。

1. 化分歧为两面，让双方都满意

清末的陈树屏口才极好，善解纷争。他在江夏当知县时，张之洞在湖北任督抚，谭继询任抚军，张谭两人素来不和。一天，陈树屏宴请张之洞、谭继询等人。当座中谈到江面宽窄时，谭继询："说江面宽是五里三分"，张之洞却说："江面宽是七里三分"，双方争得面红耳赤，本来轻松的宴会一下子变得异常尴尬。

陈树屏知道两位上司是借题发挥，故意争闹。为了不使宴会大煞风景，

更为了不得罪两位上司，他说：

"江面水涨就宽到七里三分，而落潮时便是五里三分。张督抚是指涨潮而言，而谭抚军是指落潮而言，两位大人说得都对。"

陈树屏巧妙地将江宽分解为两种情况，一宽一窄，让张谭两人的观点在各自的方面都显得正确。张谭两人听了下属这么高明的圆场话，也不好意思争下去了。

有时候，争执双方的观点明显不一致，而且也不能"和稀泥"。这时，如果你能把双方的分歧点分解为事物的两个方面，让分歧在各自的方面都显得正确，这必定是一个上乘的好办法。

2. 善意谎言，营造轻松氛围

在交际中，有些人不合时宜地开玩笑，撞在别人的枪口上，免不了尴尬。为了缓解这种局面，我们可以善意地撒点小谎，为对方的玩笑话添加特定的背景资料，从而将玩笑从有利于气氛缓和的角度去解释，最好加上一点幽默的调料或者结合当时的场景说话，为大家营造出轻松的氛围，从而将话题引开。

3. 旁逸斜出，顺着对方的心意

有一个调皮的孩子，大年初一那天，一大早便出门找伙伴玩去了。玩到中午时分，才发现自己头上的新帽子不知什么时候丢了。于是胆战心惊地跑回家去，向母亲汇报了一下大体情况。要是在平时发生这种情况，母亲一定会大声斥责他，可当天是大年初一，不能骂孩子，于是就强忍着没有爆发。

这时隔壁阿姨来她家串门，感觉到了这位母亲的火气和孩子的害怕搅和在一起的异样的气氛，一打听，才知道事情的原委。于是笑着说："孩子的帽子丢了，这是好事啊，不正意味着孩子要'出头'了吗？今年你一定走好运，有好日子过了。"一席话，说得孩子的母亲转怒为喜，并附和着说："对，对，孩子从此出头了。"于是大家一阵哈哈大笑，家里又恢复了祥和喜庆的气氛。

当双方因为其中一个做错了事，而情绪紧张时，把事情往好的方向解释，顺着对方的心意，往往就能化解紧张的气氛。

第六章

掌握说话艺术，知道在什么场景下说什么话

　　说话不能千篇一律，一成不变。不同的场合应采用不同的说话方式。因人而异、因地制宜，时刻调整语态，方能在复杂的人际交往中游刃有余，从容进退。

　　最会说话的人总是能在适合的场合，说出合适的话，从而升华主题，烘托气氛，给人留下深刻的印象。

第一节 求职面试

● 千里良马尚高嘶

俗话说:"千里良马尚高嘶"。求职面试时,同样要学会恰当地自我介绍。招聘者手中往往拥有许多求职履历表,这里面的应聘者个个实力雄厚,所以招聘者想知道你和别人相比有什么独到之处。在能力相同的情况下,那些求职者之所以能够成功,关键在于他们在作自我介绍时的出色表现。

自我介绍并不是随心所欲地进行的,一个良好的、恰到好处的自我介绍能给主考官留下深刻的印象,反之则会让你的面试一开始就一塌糊涂。自我介绍是有讲究的,可以从以下几个方面来着手。

1. 彬彬有礼

在作介绍前,要先向主试官打个招呼,道声谢,如:"经理,您好,谢谢您给我这么好的机会,现在我向您作个简单的自我介绍。"介绍完毕后,要注意向主试官道谢,并向在场面试人员表示谢意。

这能给主试官留下很好的印象。没有人会拒绝谦恭的态度。

2. 主题明确

在作自我介绍时,最忌漫无中心,东扯一句西扯一句;或者陈芝麻烂谷子事无巨细都一一详谈,让人听了不知所云。求职面试中的自我介绍宜简不宜繁，一般包括这些基本要素：姓名、年龄、籍贯、学历、学业情况、性格、特长、爱好、工作能力和工作经验等，对于这些不同的要素该详述还是略说，应按招聘方的要求来组织介绍材料，围绕中心说话。假如招聘单位对应聘的人的工作能力和工作经验很重视，那么，求职者就得从自己的工作能力及经验出发做详细的叙述，而且整个介绍都是以这个重点为中心。

下面是一位求职者面试时的自我介绍，非常的精练，分寸把握得当："我的经历非常简单。1995年，18岁的我高中毕业没有考上大学，招工进入某厂当上了一名车工。从此，我操刀切削10多年。其间3次参加全市车工岗位技术大比武，荣获两次第三名，一次第二名。去年企业破产，我下岗失业。下岗后参加过3个月的电脑培训，3个月的英语培训，取得两个上岗证书，为我掌握现代化的数控车床打下了基础。听说贵公司招聘技工，我觉得我是比较合适的人选。"

从上例中可以看出，介绍自己简历时可以从参加工作时讲起，不要拉得太远；经历中重点介绍自己从事什么工种，有何特长，凡与此无关的都可省略；能够显示自己优势的，可以讲详细些，而且与招聘内容联系起来。例如，三次参加技术比武获奖，两次参加技术培训，都显示了应聘者的技术水准，可以说正投招聘者所好。所以，立刻引起主考官的兴趣。当然，介绍自己的经历中的成绩时，要注意口气，要巧妙地表露出来，不要显示出自我吹嘘的痕迹，给人以自信、谦逊、不卑不亢的印象。在应聘前的准备过程中，要注意把握好分寸。

3. 让事实讲话

在自我介绍中，要尽量避免对自己做过多的夸张，一般不宜用"很"、"第一"、"最"等表示极端的词来赞美自己。在面试场上，有些人为了让面试官对他留下深刻的印象，往往喜欢对自己进行过多的夸耀，如"我是很懂业务的"，"我是年级成绩最好的一个"，总是喜欢带着优越的语气说话，不断地表现自己。其实，如果对自己做过多的夸耀，反而会引起面试官的反感。

谈论自己的话题，应尽可能避免一些夸大的形容词，把话讲得客观真

实，尽量用实际的事例去证明你所说的，最好用真实的事例来向面试官显露你的才华。

一家搬家公司在招聘考试时，发现一位应试者在校成绩不太好，主考者问道："你的成绩不大好，是不是不太用功？"应试者回答说："说实在话，有的课我认为脱离实际，就把时间全花在运动上了，所以身体特别好，还练就一身好功夫。"主考者很感兴趣，让他表演一下，应试者脱下衣服，一口气做了100多个俯卧撑，使主考者大为吃惊，立即录用了他。

有位成功面试者这么说："我毕业于一所没有名气的大学，但请看看我过去10年的工作成就吧！"用事实来突出他的精明和能干。

当你提到自己某方面长处时，请千万记住要用具体论据来支持。比如说，你说："我和其他工作人员关系很好"时，别说到这里停止了，还要举一些具体事例来加以陈述，如："我总是和我的工作伙伴和属下有着相当融洽的关系，而且我也跟从前每一位上司都成了好朋友。"

4. 愉快自信

谈自己、推销自己本来是可以谈得很好的话题，但是许多人却在推销自己上缺乏勇气，这或许是怕引起别人反感的缘故。而在平时生活中也常常听他们说："我有什么好说的。你们天天不都看见吗？"这就使他们养成从不自我评价、自我展示的习惯，可到了要谈论自己时，免不了有些难以启齿。范萍萍去面试，整个过程，她的声音都如蚊蝇，特别是谈到自己时，更显得羞于张口。后来她打电话给公司秘书，公司秘书非常为难地告诉她，面试官说，你那么小的声音，显得对自己不自信，缺乏活力，也缺乏必要的应酬能力。范萍萍拿着电话机哭了起来。

5. 好牌留到后面出

当你有了不起的业绩时，或者你有足够的资历经验能胜任这项工作时，不要在"自我介绍"中和盘托出、暴露无遗，要给自己留一手，一开始就说出"伟大业绩"会给人自吹自擂的感觉，引起人反感。留在后面说，会给人以谦虚诚实的印象，使面试官对你格外地刮目相看。

小秦曾经得过全国发明奖。他跟面试官没有提过这件事，因为他觉得目前这份工作与他的发明没什么关系。没想到当谈话进一步深入时，面试官无意中提到这项发明。小秦笑笑说："这是我前年搞的。去年和今年又搞了两项。"面试官问："得奖了吗？"小秦说："那有什么可值得提的。"小秦也许在今年和去年都没有得奖，他对得奖的淡漠，赢得了面试官的格外好感。面试官十分高兴，录用了小秦。

试想，如果小秦一开口讲话就把自己发明的成果大大宣扬一番，面试官就会说："你更适合搞发明吧！"而且心里还会想：这人有什么了不起的，别拿什么奖来吓唬我。你越用过去的业绩来炫耀，面试官就越不买你的账。

最后要提出注意的是，我们必须学会"瞬间展示法"，因为现在许多企业特别是外资企业和合资企业，都喜欢采用"1分钟录像"的办法来选择人才。所谓一分钟录像，就是只给应聘者1分钟的时间，让他们利用这短暂的时间来介绍自己，同时录像，然后拿给招聘者观看。

如果招聘单位使用"1分钟录像"的方法录用人员，那么求职者在1分钟的时间里，如何充分地表现，如何更多、更好地让对方了解自己，便成了求职成败的关键所在。因而，要求应聘者必须在短短的几十秒或某一瞬间，最有效、最充分而又最简洁地表现自己，从而获得求职成功。这种策略称为"瞬间展示"法。

"瞬间展示"法的求职技巧主要包括以下两个方面：

其一，精选1分钟录像内容。

由于是1分钟，时间很短，因此说话内容不宜太多、太繁杂，着重讲好以下几个方面即可：

(1)自己的简历、家庭状况。

(2)自己的专业、主修的课程。

(3)所曾担任过的社会工作。

(4)对自己未来工作的简单设想。

(5)应聘的态度。

(6)自己的抱负和理想。

其二，1分钟内注意的事项。

在服装方面要着意打扮一下，衣着整洁，将会给人一种美的感觉，也是社交活动所必备的。

(1)切忌蓬头散发，不修边幅。

(2)镇定自如，不要紧张。

(3)礼仪周全。开始时，先说声"你好"，然后再作自我介绍，最后不要忘了说声"谢谢！"。

(4)内容要简单精练。

(5)说话声音要高低适中，吐字发音要清楚。

在作自我介绍时，有一些应聘者常犯的毛病在这里我们特别提出来强调，希望大家注意。

1."我"字连篇

千万不要以为"自我介绍"最容易用上的字是"我"字。当面试官说："谈谈你自己吧！"一名应试者十分巧妙地回答："您想知道我个人的生活，还是与这份工作有关的问题？"他把应该用"我"字打头的话，变成"您"字打头。

老把"我"挂在嘴边的人，易使人反感，受人轻视，被认为是强迫性的自我推销。所以，要经常注意把"我"字变成"您"字。"您以为如何呢？""您可能会惊讶吧？""您一定觉得好笑。""您说呢？"把"自我介绍"变成一场你与面试官之间沟通的谈话。

2.空泛无物

许多人往往急于介绍自己，推销自己，却因为讲话空泛无物，而引起面试考官的怀疑。

吴小京去某报社应聘业务主管，主持面试的负责人问他："你日常的兴趣是什么？"他说是爱看书。主试官问："你爱看什么书。"吴小京回答说："爱读西方经济学著作。"主试官又问："主要是哪些著作？"吴小京搜肠刮肚偏偏一部著作也想不起。其实他的确读了一些，只是时间太长了，近日根本没有摸过这类书，一时想不起书的名字。吴小京以为把自己塑造成爱读书、学识渊博，有能力胜任主管工作的人，但由于介绍不"畅"，反而给自己留下了爱吹牛皮的嫌疑。面试结果，他没有收到录取通知书。

3. 说话不留后路

自我介绍最忌吹嘘、夸海口。大话一旦被拆穿，面试很难再进行下去。

小张去面试一家国际旅游公司的导游，他自我介绍说："我这个人喜欢旅游，熟悉名胜古迹，全国的大城市几乎都去过。"面试官很感兴趣，就问："你去过杭州吗？"因为面试官是杭州人，很熟悉自己的家乡。可惜小张偏偏没去过杭州，心想若说没去过这么有名的城市，刚才那句话不是瞎吹吗？于是硬着头皮说："去过！"面试官又问："你住在哪家宾馆？"小张再也答不上来，只好支吾说："那时没有钱，只好住小旅馆。"面试官又说："杭州的名小吃你一定品尝过？"小张照样说："那时没有钱，就一心看风景，没有去吃小吃。"面试官偏偏只问关于杭州的事，小张语无伦次，东拉西扯，答非所问，最后终于不能自圆其说，谎言被当场识破，主考官十分反感，面试一败涂地。

所以，在求职面试中，即使你有很高的能力，也要把它说出来，否则，对方不会认为你是"千里马"的，更不会录用你。

● 扬长避短，向完人靠拢

金无足赤，人无完人，如果你想刻意掩盖自己的缺点，尤其是那些显而易见的缺点，恐怕会招致反感。最好的办法就是在与主考官交谈时坦然地主动承认，但是承认缺点是要讲求方法的，最好在谈缺点的时候，模糊该重点，甚至暗暗对自身优点夸赞一番。

当求职者的简历上有明显的留级记载，他可以这样谈及这件事：

"我也觉得留级一年很不应该，当时我担任社团的负责人，全身投入到社团活动上，反而忽略了自己当学生的本分，等我察觉到这个错误时，我已经留级了。虽然我花在社团的心血，也带给我不少的收获，可是每想到自己因此而留级，就觉得很可耻，我一直都为此事耿耿于怀，更不愿重蹈覆辙。"

从他的话语中，主考官反而关心起他的社团负责人的工作来，他猜测该应聘者在社交方面的能力会非同一般。求职者明说缺点，暗中却在体现自己的能力，这样的坦白何其高明，何其漂亮。

我们都非完人，但可以扬长避短，向完人的标准靠拢。让我们再来看一段戴维与法拉第的对话。

戴维："很抱歉，我们的谈话随时有可能被打断。不过，法拉第先生，你很幸运，此时此刻仪器还没有爆炸。你的信和笔记本我都看了，你好像在信中并没有说明你在什么地方上大学。"

法拉第："我没有上过大学，先生。"

法拉第接着说："我尽可能学习一切知识，并在用自己的房间建立的实验室进行试验。"

戴维："唔，你的话使我很感动。不过科学太艰苦了，付出极大的努力只能得到微薄的报酬。"

法拉第："但是，我认为，只要能做这项工作，本身就是一种报酬！"

这是一段精彩的传世对白，它是英国科学家巨匠法拉第当年向戴维爵士求职时的对话。当戴维爵士强调法拉第没有正规学历时，法拉第毫不避讳地承认自己没有上过大学，并把话锋迅速转向他的长处——执着、勤奋。最后，法拉第被戴维破格收为自己的助手。

这就是一种典型的扬长避短式的回答。答者极力宣扬个人的长处，并把自己的长处同应聘的工作有机地结合起来，变不利为有利。

我们可能会经常遭遇这样一个问题："你认为你自己最大的弱点是什么？"我们不得不针对这个提问做一番对策准备。

这是一个棘手的问题。如果照实回答，你可能会毁了即将得到的工作；如果回答没有什么缺点又实在不能令人信服。招聘官试图使你处于不利的境地，观察你在类似的工作困境中将做出什么反应。

完满的回答便是用简洁正面的介绍抵消缺点本身带来的不良效果。请记住以下几个原则：

(1)不宜说自己没什么缺点。

(2)不要把那些明显的优点牵强地说成缺点。

(3)切勿不经思量地说出那些严重影响所应聘工作的缺点。

(4)不宜说出一些令人不放心、不舒服的缺点。最后一招就是可以说出一些对于所应聘工作从表面上看是缺点，从工作的角度看却是优点的缺点。理解这一点就能巧妙解决问题。

"朋友们都说我做事情过于追求完美，以至于有些吹毛求疵。记得学校校庆时，我负责宣传板报的制作，返工了 4 次，被和我搭档的同学埋怨了好久。"这样的回答，说的虽是自身的缺点，但却表现了正面的效果，体现了你对工作的认真和负责。

从辩证的角度看，缺点与优点是相互转化的，"横看成岭侧成峰"，对缺点本身来讲，有些"缺点"对某些工作来说恰恰是优点；对有缺点的人来讲，坦然承认，并懂得迂回之术，变短为长，扬长避短，则会使消极评价转化为积极的评价。

● 用幽默化解紧张气氛

大多数人刚进入面试厅时都表现得略显紧张，有不少有能力、有才华的人为此痛失机会。对于面试官来说，紧张慌乱的应聘者，意味着不能很好地胜任工作。此时，如果你善于幽默，就可以借此美言笑语化解紧张气氛。幽默可以说是一种优美的、健康的品质；幽默也是人与人之间的润滑剂，是一个敏锐的心灵在精神饱满、神气洋溢时的自然流露。每个人都喜欢有幽默感的人。幽默在某种时刻是通向事业坦途的一盏明灯。

今年夏天，一家地市级日报社招聘采编人员。李江在入围面试的 10人中，无论从学历，还是所学专业来看，他都处于下风，但他的幽默感却引起了考官们的注意。

在面试时，问到第三个问题："谈谈你应聘的优势与不足。"他说："我的优势是有过两年的办报经验，并且深爱着报业这一行。每当我拿起一张报纸，我总不自觉地给人家挑错：题目显得累赘，哪个词用得不合适，哪个错字没有校对出来；版面设计不合理，碰了题、通栏了……甚至有时上厕所，也忍不住捡起别人丢在地上的烂报纸看……"听到这里，考官们不约而同地笑了。

事后他了解到，一开始他并不被看好。然而其他参加面试的人回答问题过于"正统"和"死板"，正是他的灵活与幽默让挑剔的考官们觉得他更适合干记者这一行。于是，不起眼的他脱颖而出，幸运地被录用了。

在求职面试过程中，求职者在回答问题时采用一些幽默的语言，这样不但活跃气氛，也能获得面试官的好感。达到成功彼岸的路可以说有千条万条，而幽默是一条阳光大道，是潇洒走一回的必然选择。

一位考官这样问一个应聘者："为什么你要选择教师这个职业？"

应聘者回答说："我小时候曾立志长大后要做伟人的妻子。但现在，我知道我能做伟人妻子的机会实在渺茫，所以又改变主意，决定做伟人的老师。"

这位应聘者的回答博得在场人员的一片掌声，结果她被录取了。

这位应聘者的明智之处就在于打破了常规思维和表达模式，以真实感受去胜人一筹；她用了"伟人"这个范畴来贯穿前后表达自己所立志向。

幽默的谈吐，既表达清楚了自己的中心意图，又出语惊人、新颖、不落俗套，因而这位求职者获得了成功。

自信的语言应答不但有助于面试者符合招聘者既定的聘用期望，而且可能重新塑造招聘者的聘用愿望。然而有的人更胜一筹，他在他的自信中添加了幽默的元素。

有的人不仅表现出十足的信心，幽默起来还很富有哲理，这样的形象能不给人留下深刻印象吗？

一位同学，他在面试时，老板问他："评价一下罗纳尔多和乔丹，看看哪个更厉害。"

"我觉得他俩都没我厉害！"他很是得意地说。

"啊?!"老板一头雾水，如困巫山。

"我要跟罗纳尔多打篮球，跟乔丹踢足球，看看到底谁更厉害！"

不用说，他最后被老板录取了。

在一次电视台主持人招聘面试中，考官问一位女学生："三纲五常中的'三纲'指什么?"这名女学生答道："臣为君纲，子为父纲，妻为夫纲。"她刚好把三者关系颠倒了，引起哄堂大笑。可她镇定自若，幽默地说："我指的是新'三纲'，我们国家人民当家做主，领导是人民的公仆，当然是'臣为君纲'；计划生育产生了大量的'小皇帝'，这不是'子为父纲'吗? 如今，妻子的权利逐渐升级，'妻管炎'、'模范丈夫'流行，岂不是'妻为夫纲'吗?"

这位女学生机敏幽默的回答，显示了她的口才与智慧，显示了她竞争的实力，最终使她顺利通过了面试。

幽默是自信的表现，是善于处理人际关系的反映。可以说，哪里有幽默，哪里就有活跃的气氛；哪里有幽默，哪里就有笑声和成功的喜悦。为此，在非常严肃、紧张、决定前途面试的时候，不妨来点幽默，不仅能使自己放松，也使考官记住你，可能还会使你在面试中脱颖而出。

● 两难问题折中答

折中可以说是一门艺术，是祖先智者留下的一颗智慧结晶；是为人处世，各个方面都可以适当运用的生存立世之道。

在求职面试中，主考官经常会给你出一些令你左右两难的问题。在这个时候，你可以选择缄默吗? 不能，那只会使你与工作失之交臂。你只能勇敢作答，但有勇也要有谋。左不行，右也不行，那就最好采取折中术。

在一次外企面试中，双方交谈得很投机，看来希望不小。接近尾声时，考官看了一下表，问："可不可以邀请您一同吃晚饭?"

原来这也是一道考题。如果考生痛快接受，则有巴结、应酬考官的嫌疑；如干脆拒绝，又被说成不礼貌。考生动了动脑筋，他机智地回答道："如果作为同事，我愿意接受您的邀请。"

由于他预设了一个前提条件，所以他的回答十分得体到位，获得好评。

总之，对于可能设有"陷阱"的提问，一般情况不要直答，而应想一想对方的用意是什么，"机关"在哪里，然后运用预设前提的说法跳过陷阱，予以回应。所谓折中术，就是采取一个巧妙的方法将划分左右的

界限模糊掉。

日本住友银行招聘公关人员时，极为重视职员协调人际关系的才能。该银行没有专门考核应聘者的业务知识，而是提出了一道别出心裁的判断题："当国家的利益和住友银行的利益发生冲突时，阁下采取何种对策？"

3类不同的应聘者对问题的回答迥然不同。

第一类人回答："当国家利益跟我们银行利益发生冲突时，我会坚决地站在我们银行的立场上。"

银行主管人员认为，这样的人将来准会捅娄子，不能聘用。

第二类人回答："当国家利益和住友银行利益发生冲突时，我作为国家的一员，应该坚决保护国家的利益。"

银行主管人员认为，第二类人员适合政府部门的工作，也不可取。

第三类人则回答说："当国家利益和银行利益发生矛盾时，我要尽全力淡化矛盾。"

银行主管人员认为这种人才是住友银行需要的高手。企业同政府的关系往往集中表现在国家利益和企业利益上，企业公关人员作为企业与公众之间的媒介，只有注重社会整体的协调性，善于采取圆融战术，才有可能妥善处理好企业与国家的关系。

在这里尤其要指出一个方面是，由于女性本身所具有的一些求职方面的先天劣势，如结婚生子、照料家庭内务等，招聘单位常担心其婚姻和家庭会影响工作，所以面试时往往提出许多相关的问题。这些问题或刁钻古怪，或直击要害，总让人觉得左右两难，如何回答都不妥当；但能否回答好这些问题，又直接关系到求职是否能获得成功。比如，其中有一个问题常常被当作拦路虎时时跳出来为难求职女性：如果让你在家庭与事业之间做选择，你认为哪一个更重要？

这是一个老生常谈的问题，也是一个难题。事实上这是一个对于任何人都重要的问题，之所以更经常地出现在女性求职者面试的情景中，是由于女性往往要对家庭内务承担更多的责任，而这些责任很可能与工作相冲突。招聘单位自然非常希望你以事业为重，但也很清楚谁都希望拥有一个幸福美满的家庭，有幸福的后方保证，才能无后顾之忧地集中精力工作。显然，这道题目是个两难的选择，不管你选择家庭还是事业，无疑都是不合适的。所以，回答这个问题的时候，不妨换个角度，不和题目正面冲突，又给出了招聘单位想要的答案。

你可以参考如下的回答：

"我认为，无论在工作上还是在家庭中，女性的最大目标都是要使自己活得有价值。虽然我很想通过工作来证实自己的能力、体现活着的意义，但家庭对于我的意义也是不容小觑的，我也相信，不只是我，可能每个人都是这么认为的。家庭和生活也许是互相影响的两方面，但我相信，它们并不是站在对立的立场上，处理得当的话是完全有可能两全其美的。事实上，有很多女性都是这样做的，而且她们也做得很不错。我认为我也可以做到。"

这样的回答，既表明了你对待工作的态度，又表达了你对家庭的热爱，而这两点，正是一个心理健康、成熟的女性所应该具备的。

其实，在面试中折中回答问题，就是避开问题锋芒，不要表明你对任何一个方面的倾向，所有的回答都要为求职这个目的而服务。

● 薪水问题小心谈

在中国人的传统思想里，谈钱是一件很俗气的事，尤其是在求职面试这样的情景之下，开口谈钱更是一件左右为难的事。主动问吧，怕被人看成是斤斤计较，只顾追求金钱利益，弄不好还要得罪招聘方；不问吧，自己心中又过不去，万一等到最后才发现薪酬低得令自己难以接受，岂不是竹篮打水一场空？很多大学生在求职面试时由于缺乏社会经验，对于用人单位提出的薪酬要求更是讳莫如深，难以启齿，通常支支吾吾半天仍是词不达意。俗话说："谈钱很俗气，但是很实际。"工作的最终目的是为了生存、生活，薪酬问题并不是一个无关紧要的问题。

我们必须明白在求职过程中，求职者总是要面临薪水问题的，总免不了有一场讨价还价。有经验的求职者，把讨价还价同展示自己的智慧与实

力有机地结合起来，通过谈判，既争取了预期的待遇，又展示了自己的能力，可谓是一举两得。

但是，目前有一种说法，即在择业过程中，最好不要问自己的薪酬，否则可能引起招聘者的反感。甚至有的人事经理更加绝对地说："如果应聘者主动问薪酬，我肯定让他走人。"

这就给应聘者出了一道难题。其实，问题的关键并不在于该不该问薪酬，而在于你问这个问题要把握好什么时间、什么地点和怎样发问。

在人才交流会上，当你递交应聘资料时，可以不失时机地问一声：这个岗位的收入大约是多少？由于交流会人多嘴杂，招聘者忙得焦头烂额，很可能在不经意中露出真相。如果他不愿回答甚至有反感，由于此时乱哄哄的，他也不大可能耿耿于怀地记住你。

但正式面谈时又另当别论了。情况要比这种时候复杂些。

一些求职者，尤其是毕业生，初次面对求职，由于不知道如何回答薪酬问题，常常对于招聘方提出的此类问题讳莫如深。如果招聘方是在面试初期提出这个问题，通常可能是对你的试探，千万不要轻易开口，最好的回答是："我很愿意谈论这个问题，但是能不能先请你谈一下工作内容？"或者说："在你决定雇用我、我决定在这儿工作之前讨论这个问题还为时过早。"大多数情况下，这样的说法都是得体而奏效的。

但在面试后期，即使你一再避免谈及薪水，也仍然会有面试官要求你正面回答这类问题。这时，你就要运用技巧来回答。

薪酬问题一定要说，但是说多少呢？这时的难题是：要价太高，会"吓"跑老板，让人产生"狮子大开口"、"自视过高"等不够谦虚的负面印象；要价低，则很可能将来进了公司发现跟自己同等职位的同事们都比自己拿得多，觉得委屈不说，往往还会影响工作的热情，吃哑巴亏。因此，这个时候给自己"算"出一份合理的薪水是很重要的，那么，究竟该怎样算出自己的"定价"？

一般来说，大多数职位在市场中都会有一个比较公认的薪酬价格，当然，这些行情价也会因公司的性质、规模大小、行业的不同等而有不同的弹性。比如，同是文员，外企和中小型公司相比，薪酬就会相差很远。因此，在求职前你首先需要做的，就是把你要应聘的职位在同等类型、规模的公司里的行情价打探清楚。

行情价只是大致标准，弄清楚后，你要做的就是考虑怎样去讨价还价，为自己争取尽可能多的利益。在这里面，你所应聘职位的可替代性大小在很大程度上决定了你讨价还价的资本有多少。职位可替代性越小的（一般来说都是偏于技术性、技能性等方面的工作），还价的资本就越高，你也就可以放心地提出自己的要求。如果是可替代性大，没了你谁都能干的那一种，则劝你还是少还价或是别还得太厉害为妙。另外，职位越高的工作，还价允许的幅度也就越大；反之，则越小。

工作经验和学历在不同的行业、公司里也有不同的分量。如果你要应聘的是管理方面的工作或是技术工种的工作，那么你拥有的工作经验将是非常重要的，这也会极大地影响你可能会得到的薪酬。至于学历，则要看你的工作对学历的要求度是多少。一般来说，在大公司里，高学历被认为代表着高素质，学历当然比较重要；而对于一些小公司来说，也许他们更情愿要一般的实干型人才。所以，自己的经验和学历值多少，在定价的时候还得掂量掂量，做到心中有数。

薪酬定位明确以后，还要学会讨价还价。

涉及工资时，应坦然地与主考官交谈，说出自己的要求，只要工资要求合理，就不会改变自己在主考官心目中的印象。

一家合资公司招聘职员，他们对求职者张先生各个方面均感到十分满意，想请张先生到公司担任销售总监一职，双方的话题转移到薪资方面上来。张先生要求每月的月薪为8000元，可是招聘人员却不敢贸然答应，因为这超越了公司方面允许的权限。那么，张先生怎样和招聘人员进行薪资谈判的呢？

张先生：我希望能有月薪8000元。我自己估计，我够条件享有这样的薪水。

招聘人员：可是根据你的资料，你在目前服务的公司月薪只有5000元。

照你要求的数字，比你目前的薪水增加了大约一半；而一般的情况，最大幅度的加薪也只有30%。通常就任新职时，均约加薪10%。

张先生：如果贵公司确实有加薪的机会，短期内能够加到8000元，那么贵公司今天给我6000元，我也会同意的。

招聘人员：凭你的能力，你要求月薪8000元一点也不过分。那完全是合理的数字。问题是，我的能力只有那么大；按照我们的工资表，只有6000元一个月。你的意思怎样？

张先生：好吧，就6000元一个月吧。

招聘人员（面露难色）：给你5800元一个月，你同意吗？

张先生：不，我希望6000元一个月。

于是招聘人员叹了口气，不得已下结论了："好吧，既然非要6000元一个月不可，只好答应你了。"

在谈及薪酬时，不要以为面试官第一次所报出的数目就一定是他们决定付给你的最终价格，如果觉得不满意，不妨适当表达自己的意见。求职时关于薪酬的讨价还价不仅是对自身利益的捍卫，甚至可以反映求职者的智慧、才识以及对行业的熟悉程度。

一般情况下，招聘单位很少会给你超过你最初提出的薪水数目。因此，谈判时则应注意避免自己先主动亮出底牌，而应让面试官先报出他想给的薪酬，后发制人，才有回旋余地。如果对方报出一个合乎自己意愿的数字，也不要喜形于色，沉默一下，显得像是对这个数字不感兴趣的样子，然后在面试官报出的价格上提高15%～20%，并再次强调自己拥有的一些特殊资格。但如果你发现他们的第一次报价就是唯一，可以略为沉吟，再落落大方地表示可考虑先接受下来试试。

在谈判过程中，如果用人单位坚持让你先开价，可以以一些该职位的通常薪资标准为铺垫，再告诉其一个大致的薪酬范围。真正有诚意的用人单位都明白，只有提供了合理的薪金，才能调动员工的积极性，留得住人才。理想的薪酬数，应是用人单位和求职者双方都能接受的，而求职者则应表现一定的灵活性。

总结起来，面试谈到薪酬问题有几个注意点：

(1)切勿盲目主动提出希望得到的薪酬数目。

(2)尽可能从言谈中了解，用人单位给你的薪酬是固定的还是有协商余地的。

(3)面试前设法了解该行业薪酬福利和职位空缺情况。

在协商过程中，如果用人单位要你开价，可告诉其一个薪酬幅度。如他一定要你说出个明确数目，可问他愿意付多少，再衡量一下自己能否接受。

工作谈判不能像其他谈判那样，一味设法提高对方开出的条件，而对方就只顾压低你的价钱。把原来和谐的气氛弄成敌对的局面，这对你实在没有好处。

谈判一旦出现僵局，不妨把话题转移到有关工作的事情上。例如，对方有心压低你的薪酬，就可将话题转移到你上任后有何大计，如何扩大市场占有率和如何降低产品成本等，那样原来紧张敌对的状态，很快便会变成同心协力的局面。

谈薪酬的时候，不一定只拘泥于薪资本身。不妨在谈的过程中强调薪水和你应聘职位的关系。让招聘官听到的不光是你说的那个数目，而且还对你的回答留下如下的印象：薪酬是重要的，但你更在乎的是职位本身，你喜欢的是这份工作的内容和挑战；你所报出的数目是因为无后顾无忧的待遇将更能让你在职业安全的条件下发挥自己的才能，为公司带来更大的效益。

如果你是个有一定工作经历的人，则不妨提一下以前的工作薪水，这样很容易给面试公司一个比较明确的参考答案。怎么说也是"人往高处走"，总不至于以前一个月拿3000元，到这儿才拿2000元？当然，前提是你先让招聘官相信你所有的技能、经验契合这个职位并且值这么多钱。

如果受公司预算限制，甚至比你现有或以往的薪水还要少，只要你认定这是一份理想工作，不妨暂时不谈薪水。待对方认定你是最佳人选，再尝试以职位及工作为由，多要求些福利津贴。例如，若想要求提高公务开销，你就应表示以往工作顺利，全因频频与客户交际应酬，从而提出担心公务

开销不够，雇主也会乐于增加这方面的津贴。

● 底气十足赢三分

世界上每天都有不少年轻人想挑战新的工作，他们都"希望"能登上最高阶层，享受随之而来的成功果实。但是他们绝大多数都不具备达成目标所必需的信心与决心，因此他们无法达到目的。也因为他们相信自己达不到，以致找不到登上新岗位的途径，他们只好一直只停留在原来的水平。

但是还是有少部分人相信他们总有一天会成功。他们抱着"我就要登上顶峰"（这并不是不可能的）的积极态度来进行各种面试。这部分人仔细研究有经验的面试者的各种作为，学习那些成功者分析问题和做出决定的方式，并且留意他们如何应付进退。最后，他们终于凭着坚强的信心达到了目标。

吉拉德欲步入推销界的时候，曾因多次遭拒绝而感到极端沮丧，他的妻子搂住他说："乔伊，我们结婚时空无一物，不久就拥有了一切。现在我们又一无所有，那时我对你有信心，现在还是一样，我深信你会再成功。"就在这一刹那，吉拉德了解到了一条重要的真理——"建立自己的信心的最佳途径之一，就是从别人那儿接受过来"。

吉拉德重新开始建立信心，他拜访了底特律一家大的汽车经销商，要求一份推销工作。推销经理起初很不乐意。

"你曾经推销过车子吗？"经理问道。

"没有。"

"为什么你觉得你能胜任？"

"我推销过其他的东西——报纸、鞋油、房屋、食品，但人们真正买的是我，我推销自己，哈雷先生。"

此时的吉拉德已表明了足够的信心。

经理笑笑说："现在正是严冬，是销售的淡季，假如我雇用了你，我会受到其他推销员的责难，再说也没有足够的暖气房间给你用。"

"哈雷先生，假如您不雇用我，您将犯下一生最大的错误。我不抢其他推销员的店面生意，我也不要暖气房间，我只要一张桌子和一部电话，两个月内我将打破您最佳推销员的纪录，就这么定了。"

哈雷先生终于同意了吉拉德的请求，在楼上的角落里，给了他一张满是灰尘的桌子和一部电话。就这样，吉拉德开始了他的汽车推销生涯。不久，他真的成功了。当然这是后话了，而我们看重的是他这次成功的求职经历，其中信心与说话的底气起了很大的作用。

有的面试程序中，主考官会刻意加入一些压力面试来测验你的抗压能力。如果你退缩，表现不出足够的信心，面试十有八九都会"泡汤"。

所谓压力面试一般是指在面试刚刚开始时，主考官就风向一转，给应试者以意想不到的一击，以此观察应试者的反应。

比如，面试官会突然提出一些不甚友好或具有攻击性的问题，这时如果你能顶住压力，从容不迫，表现出你十足的把握，依靠这种志在必得的气势，面试成功的机会就多了几分。

凡是经历过压力面试的人可能都很难忘记那个过程。没有愉快的交谈、友好的笑容，有的只是招聘官严厉的表情和苦大仇深的脸。曾有位女士抱怨她所经历过的一次压力面试：

她向一家广告公司申请了一个文案的职位并顺利地通过了筛选面试。在第二轮面试时，她遭遇了公司的人事经理杨女士。

当她信心十足地跨进杨女士的办公室，在例行的欢迎之后，气氛就完全变了。

杨女士首先浏览了一遍她的简历，然后冷冷地抬起头盯着她："你觉得这份简历能说服我留下你吗？"

她自信又不失礼貌地答道："诚然，简历只是让您了解我的工具之一，所以我现在坐在您的面前，相信经过面试您会对我有更全面深入的了解，并做出选择。"

听完这番话，杨女士立刻露出了微笑的表情，对她的态度一百八十度转弯，示意她先喝水再慢慢聊……

说话的底气来自于内心的勇气和自信，将它们展现于主考官面前，才

有说服力使他相信你的能力和决心，放心把工作交给你。

如果你的目标是外企，那你一定会被问道："Do you have confidence in this position？"（你是否有信心胜任这份工作？）你应该清楚，这不是一个"是"就能回答完毕的问题，但是，首先给予肯定的回答才能够显出你的信心。接着，你要描述你曾成功胜任过的相似的工作（记住，强调结果，因为结果是衡量成功的唯一标准）。如果你没有相关的经验，那么就信心十足地分析你的知识，还有你的性格，这些也是考官们考察的因素。虽然并没有一个回答的标准，但是只要以一种坚定与自信的口吻把你所具有的优势与这份工作的联系表达出来就是这个问题的一个完整的答案。

第二节 宴会应酬

● 酒宴致辞贵在巧妙

在佳节、迎送宾客、吉庆喜事等活动的酒席上，人们常要举杯祝酒，说一些美好的话语，互相表达祝贺和希望之情。一席好的祝酒词，能使酒宴的气氛更为欢快轻松，使入席者的感情更为融洽密切。但有时发表祝酒词的人才思不够敏捷，甚至端着酒结结巴巴说不下去。大家手里举着酒，又不能放下来，又不好喝下去，这才叫尴尬！

祝酒词一般是在饮第一杯酒以前说的，因此，祝酒词必须短小精悍，千万不能太长太啰唆。因为大家举杯，情绪高昂，要是啰唆半天，热乎劲儿就冷了。

1. 围绕一个主题

你一旦开始祝酒，就不要离题，要沿着一个主题，保持一个完整的结构，逐步趋向一个明快、自信的邀请，让每个人都举起酒杯，还要把你所祝愿的那个人（或那些人）的名字准确无误地牢牢地记在脑子里。你的主题可以着眼于被祝愿的人的成就或品质，一件事情的重要意义，伙伴们的乐事，个人的成长或集体工作的益处，等等。无论说什么都要和那个场合相适应。

例如，老友聚会，那么可以说："此时此刻，我从心里感谢诸位光临，

我极为留恋过去的时光，因为它有着令我心醉的友情，但愿今后的岁月也一如既往，来吧，让我们举杯，彼此赠送一个美好的祝愿。"

2. 尽可能地表现出文采

适当地引用诗词、典故、幽默，能使讲话更有感染力。1984 年，缅甸总统吴山友访问上海，市长在祝酒词中引用了陈毅元帅《致缅甸友人》的诗句："我住江之头，君住江之尾，彼此情无限，共饮一江水。"大家都知道中缅交界只有一江之隔，两岸人民共饮一江水。话语亲切，表达了中缅两国人民之间的情谊，外宾十分高兴。比喻可以使祝酒词生动形象。例如，两校建立校际关系，其中一方致辞说："过去，我们交往只是一条小路；现在，却是一条宽敞的大道。我相信，我们的友谊和交往一定会成为一条高速公路。"这一连串的比喻，言辞贴切，恰到好处地说出了他内心的祝愿，赢得了大家的一阵掌声。

3. 适时进行联想

在祝酒时如能就地取材进行联想，就可以产生出乎意料的好效果，使人生发出许多美好的想象，从而达到使人愉悦、使人振奋的目的。例如，你端起席间一杯矿泉水，在不同的情况下可以引起不同的联想，运用不同的语词。

在朋友的聚会上你可以说："俗话说，如鱼得水，看见这杯矿泉水使我想起我们的友谊。鱼儿离不开水啊，正因为有了深厚的友谊，才使我们顺利地在艰苦的生活中成长起来。现在我们又一起回到了家乡，更是如鱼得水。相信今后我们的友谊将会与日俱增。我建议为友谊干杯！"

在为老师祝贺生日的聚会上可以说："同学们，这是一杯水。看见这杯水我想起了'饮水思源'这句老话。我们之所以有今天的成功，完全是老师辛勤培养的成果啊！师恩难忘。这水又使我想起了另一句话：滴水之恩，涌泉相报！我们一定要努力、再努力以报答老师的教诲！同学们，让我们以水代酒，祝老师永葆青春！"

● **劝酒要有点技巧**

劝酒对于营造氛围具有重要作用。同时，劝酒也是一门艺术。我们常能在酒宴上发现这样的劝酒高手，几句"花言巧语"就搞得你明明酒量有限，却还是喝了个酩酊大醉。应该说，既要让对方尽其所能地喝酒，又要活跃气氛，此外还不伤和气、不损面子，这是一位劝酒者的基本"责任"。所以，你在劝酒时一定要把握好度，使劝酒恰到好处。

1. 真诚地赞美对方

人对于赞美的抵抗力往往是微弱的，特别是在酒桌上，热闹的气氛使得人的虚荣心很容易膨胀，而虚荣心一膨胀人就免不了要做出一些超出常规的"豪壮之举"。另外，在酒桌上赞美对方的酒量或学习成绩、工作成绩，如果对方仍坚持不喝，就会牵涉到一个面子的问题，酒桌上众人的眼光会给他造成一种无形的压力：既然你能喝，既然事业这么得意，连杯酒都不愿喝，是瞧不起我们吗？这种压力是对方很容易感觉到的，因而他即使是迫于压力也得拿起酒杯。

2. 强调场合的特殊意义

人逢喜事精神爽。有些人从不喝酒或不敢喝得太多，但在一些特殊的喜庆场合就愿意喝两口或多喝几杯，一方面是心里高兴，一方面也是场合的特殊性使然。那么，劝酒者在劝酒时不妨就多强调一下此场合的重要性、特殊性，指出它对于对方的价值与意义，这样既能激发对方的喜悦感、幸福感、荣誉感，又使他碍于特定的场合而不得不愉快地再饮一杯。

例如，在一次老同学聚会上，一位久未谋面的老同学不喝酒，你劝酒时可以这样说："好，这杯酒我也不劝你了，你愿意喝就喝，不愿意喝就别喝。反正今天是我们88级毕业生的第一次大聚，下次再聚真不知道什么时候了。我知道你酒量不行，这杯酒你要是觉得不该喝，大伙儿也都同意，那我也就一句话不说了……"话说到这时，那位老同学一般也不会再推辞了。这种强调场合的特殊意义的劝酒方法一般是都能见效的，因为没有谁愿意在这种场合给大家留下不注意场合的坏印象。

3. 强调酒宴对自己的意义

酒宴是联络和增进感情的重要场所，通过向同级、上级与下级敬酒、劝酒，能够促进双方的情感交流，使彼此的关系更密切、更稳固。一般来说，

如果劝酒本身真的能够达到这个目的的话，对方是不会轻易拒绝的。针对这种心理，在劝酒时你可以充满感情地强调一下自己与对方的特殊关系，使劝酒变为两人之间独特的情感交流方式。

4. 用反语激将对方

人都有自尊心，为了维护自己的自尊心，人有时很容易突破常规的框框做出某种强硬之举。在酒桌上也是一样，如果你能恰到好处地使用反语刺激刺激对方的自尊，使其认识到不喝这杯酒将会损害自己的尊严，那么对方往往就会"喝"出去了，逞一回英雄。不过，使用此方法劝酒一定要注意适可而止，如不成就干脆作罢，以免真的戳痛了对方的自尊，两人较起劲来，甚至会伤了和气，那就得不偿失了。

例如，在一次单位员工的聚餐上，小张在喝了一杯后就不再喝了。这时，可以这样激将他："小张，你看看，单位里的小伙子可是每人一杯酒，女同志可以例外。要不，我给你叫瓶'露露'？"小张心悦诚服地说道："这杯酒我喝。"说着，一仰头就干杯了。激将法在这里取得了效果。

5. 采用以退为进的方法

对于某些酒量委实有限的人，特别是女士和年轻的小伙子，过分勉强显然是不太好的，这就需要在饮酒量上做些让步，自己喝一杯，别人喝半杯，或改喝啤酒，以此来说服对方。对方在你苦劝之下执意不喝，本身就多少有些不好意思，此时你再做出让步，对方恐怕就不便再推脱了，不过这时你必须是一个酒量不错的人，即使在这方面吃点"亏"也不算什么大不了的。

例如，在向一位女士劝酒时，就可以使用这一方法："××，我这唾沫都快说干了，你还是不喝，看来你真是不准备给我留面子了。那好吧，我就不要面子了。你喝半小盅，我陪这一大杯总行了吧？这回你再拒绝，我就只能找个地缝钻下去了！"说完，一仰脖就喝干了，该女士见状也只好喝下这杯酒了。

以上这些方法、技巧在使用时一定要注意场合。其实最重要的一点是大家别忘了饮酒也是文化，酒宴应当成为文明、礼貌的交际场所。大家叙叙旧，谈谈生活，切磋技艺，交流思想，这才是酒宴的宗旨，因此它应该

是融洽亲切、高雅欢快的场面。

● 巧言推辞他人劝酒

在举行酒宴时，大家都乘兴举杯而饮。但由于每个人的酒量都有一定限度，如能喝得适量才是有益无害的。因此，面对对方的盛情相劝，你还需巧妙地拒绝。成功的拒酒，不但能使自己免受醉酒之苦，而且不会让对方觉得你不给面子，更不至于伤了和气，坏了事情。

1. 把身体健康作为挡箭牌

喝酒是为了交流情感，也是为了身心的愉悦，这一点谁都清楚。如果为了喝酒而喝酒，以至于折腾坏了身体、损害了健康，那就显然是因小失大了，这是谁都不愿意看到的。因此，我们可以以身体不舒服或是患有某种忌酒的疾病（如肝脏不好、高血压、心脏病等）为理由拒绝对方的劝酒，这样对方无论如何是不好再强求了。例如，小张参加一个宴会。宴会上好朋友小王也在，因为小王好久未曾和小张相逢，于是提出要和他痛饮三杯，小张不能喝酒，因此就说："你的厚意我领了，遗憾的是我最近一段时间身体不适，正在吃药，已是好久滴酒不沾，只好请你多关照。好在来日方长，后会有期，日后我一定与你一醉方休，好吗？"此言一出，大家都纷纷赞许，小王也只好见好就收了。

2. 提及过度喝酒后果

饮酒当然应是喝好而不喝倒，让客人乘兴而来，尽兴而归。那种不顾实际的劝酒风，说到底，也不过是以把人喝倒为目的，这充其量只能说是一种低级趣味的劝酒术，乃劝酒之大忌。作为被动者，当酒量喝到一半有余时，应向东道主或劝酒者说明情况。如："感谢你对我的一片盛情，我原本只有三两酒量，今天因喝得格外称心，多贪了几杯，再喝就'不对劲'了，还望你能体谅。"如此开脱以后，就再也不要喝了。这种实实在在地说明后果和隐患的拒酒术，只要劝酒者明白"乐极生悲"的道理，善解人意者，就会见好就收。

3. 以家人不同意为由

一般来说，以爱人的禁止为由拒酒往往容易让对方觉得你在找借口推脱，这是因为他想象不到这个问题对你有多么严重。因此，你必须在拒酒时讲得真实生动，把自己不听"禁令"的后果展示一番，让对方感到让你喝酒真的是等于害了你，他也就停止劝酒了。可以说，把理由讲得真实可信是使用此方式拒酒的关键之处。你可以说："我爱人一闻我满口酒气就和我翻脸。我不骗你，所以你如果是真为我着想，那我们就以茶代酒吧！"这样一说，对方也就无话可说了。

4. 挑对方劝酒语中的毛病

对方劝我方喝酒，总得找个理由，而这理由有时是靠不住的。特别是一些并不太高明的劝酒者，其劝酒语中往往会有不少漏洞可抓。抓住这些漏洞，分析其中道理，最后证明应该喝酒的不是我方，而是对方，或者是其他人，总之到最后不了了之。只要这漏洞抓得准，分析得又有理有据，那么对方就无话可说，只好放弃这位难对付的"工作对象"。比如，在一次朋友聚会上，有人这样向你劝酒："张先生，这一桌席上只有我们两位姓张，同姓五百年前是一家，看来我们是有缘分，这杯酒应当干掉！"此时你就可以抓住其疏漏这样拒酒："哦，我很想跟您喝这杯酒，可是实在对不起，您可能搞错了，我的'章'是'立早章'，不是'弓长张'，所以我不知道这两个同音不同字的姓五百年前是否也是一家？所以，您这杯酒我不好喝。"对方理由不成立，便没法再劝你喝酒了。

第三节 双赢谈判

● 营造一个有益的谈判氛围

　　谈判大幕拉开后，双方开始了彼此间的接触、交流、摸底甚至冲突。当然这也仅仅是开始，它离达成正式协议还有相当漫长的过程。但是在谈判开始阶段，你首先要做好一项非常重要的工作，那就是营造洽谈的气氛，调节好一个最恰当的环境"温度"，它对谈判成败有非常重要的关系。

　　你应当清楚，积极友好的气氛对一次谈判将有多大帮助，它使谈判者轻松上阵，信心百倍，高兴而来，满意而归。

　　卡耐基认为，对于任何谈判者，理想的气氛应是严肃、认真、紧张、活泼的。这可以说是总结了历来胜利而有意义的谈判气氛而得出的一个伟大结论。他建议每位谈判者努力为自己所进行的谈判营造这一良好气氛。

　　美国谈判学家卡洛斯认为大凡谈判都有其独特的气氛。善于创造谈判气氛的谈判者，其谈判谋略的运用便有了很好的基础。我们有理由认为，合适的谈判气氛亦是谈判谋略的一个重要组成部分。良好的谈判气氛有助于谈判者发挥自己的能力。

　　谈判气氛有时是自然形成的，而多数情况下是人为营造的。不同的谈判气氛对谈判者来说都能感觉到。能运用谈判气氛影响谈判过程的谈判者，

自是精明之人，他们知道，谈判气氛对谈判的成败影响很大。

谈判室是正式的工作场所，容易形成一种严肃而又紧张的气氛。当双方就某一问题发生争执，各持己见，互不相让，甚至话不投机、横眉冷对时，这种环境更容易使人产生一种压抑、沉闷的感觉。在这种情况下，我方可以建议暂时停止会谈或双方人员去游览、观光、出席宴会、观看文艺节目，也可以到游艺室、俱乐部等处娱乐、休息。这样，在轻松愉快的环境中，大家的心情自然也就放松了。更重要的是，通过游玩、休息、私下接触，双方可以进一步增进了解，消除彼此间的隔阂，增进友谊，也可以不拘形式地就僵持的问题继续交换意见，寓严肃的讨论于轻松活泼、融洽愉快的气氛之中。这时，彼此间心情愉快，人也变得慷慨大方。谈判桌上争论了几个小时无法解决的问题，在这儿也许会迎刃而解了。

谈判气氛形成后，并不是一成不变的。本来轻松和谐的气氛可以因为双方在实质性问题上的争执而突然变得紧张，甚至剑拔弩张，一步就跨入谈判破裂的边缘。这时双方面临最急迫的问题不是继续争个"鱼死网破"，而是应尽快缓和这种紧张的气氛。此时诙谐幽默无疑是最有力的武器。

活跃气氛的另一种绝好方法就是寒暄。

寒暄又叫打招呼，是人与人建立语言交流的方法之一。它能使不相识的人相互认识，使不熟悉的人相互熟悉，使单调的气氛活跃起来。为双方进一步攀谈架设桥梁，沟通情感。

刚与对手见面时，必定要说几句客套话，虽是客套，可也非常重要，值得注意。数分钟的寒暄，有助于气氛的融洽，有助于商谈正题气氛的营造。如果刚见面就开门见山，单枪直入，很容易让人觉得突兀，态度不免就会强硬，不利于商谈的展开。

总的来说，为了创造出一个合作的良好的谈判气氛，谈判人员应做到以下几点。

1. 寒暄恰到好处

在进入谈判正题之前，一般都有一个过渡阶段，在这阶段双方一般要互致问候或谈几句与正题无关的问题。如在会谈前谈谈各自的经历、体育比赛、个人问题以及以往的共同经历和取得的成功等等,使双方找到共同语言,为心理沟通做好准备。切记不要涉及令人沮丧的话题。

2.动作自然得体

动作和手势也是影响谈判气氛的重要因素。特别值得注意的是,由于各国、各民族文化、习俗的不同,对各种动作的反映也不尽相同。比如,初次见面时的握手就颇有讲究,有的外宾认为这是一种友好的表示,给人以亲近感;而有的外宾则会觉得对方是在故弄玄虚,有意谄媚,就会产生一种厌恶感。因此,谈判者应事先了解对方的背景、性格特点,区别不同的情况,采用不同的形体语言。

3.破题引人入胜

如果说开局是谈判气氛形成的关键阶段,那么破题则是关键中的关键,就好比围棋中的"天王山",既是对方之要点,也是我们之要点。因为双方都要通过破题来表明自己的观点、立场,也都要通过破题来了解对方。由于谈判即将开始,难免会心情紧张,因此出现张口结舌、言不由衷或盲目迎合对方的现象,这对正式谈判将会产生不良的影响。为了防止这种现象的发生,应该事先做好充分准备,做到有备而来。比如,可以把预计谈判时间的5%作为"入题"阶段,若谈判准备进行1小时,就用3分钟时间沉思;如果谈判要持续几天,最好在谈生意前的某个晚上,找机会请对方一起吃顿饭。

4.讲究表情语言

表情语言是无声的信息,是内心情感的表露,包括形象、表情、眼神等。谈判人员是信心十足还是满腹狐疑,是轻松愉快还是紧张呆滞,都可以通过表情流露出来。是诚实还是狡猾,是活泼还是凝重也都可以通过眼神表现出来。谈判人员应时刻注意自己的表情,通过表情和眼神表示出自信、友好以及合作的愿望。

察言观色,开局阶段的任务不仅仅是营造良好的气氛,还要敏锐地捕捉各种信息,如对方的性格、态度、意向、风格、经验等,为以后的谈判工作提供帮助。

● 别关闭你的耳朵

在谈判的时候千万不能关闭你的耳朵，因为专注地倾听别人讲话，则表示倾听者对讲话人的看法很重视，能使对方对你产生信赖和好感，使讲话者形成愉快、宽容的心理，变得不那么固执己见，更有利于达成一个双方都满意的协议。

然而，倾听的作用不仅于此。倾听更多的是为了了解对方需要，也是发现事实真相的最简捷的途径。

谈判是双方沟通和交流的活动，掌握信息是十分重要的。一方不仅要了解对方的目的、意图、打算，还要掌握不断出现的新情况、新问题。因此，谈判的双方应十分注意收集整理对方的情况，力争了解和掌握更多的信息，但是没有什么方式能比倾听更直接、更简便地了解对方的信息了。

倾听使你更真实地了解对方的立场、观点、态度，了解对方的沟通方式、内部关系，甚至是小组内成员的意见分歧，从而使你掌握谈判的主动权。例如，一家日本公司同美国公司的谈判，就是运用倾听的方法获得了谈判的成功。日本一家公司向美国某公司购买技术设备，方案确定后，他们先派了一个谈判小组到美国去。谈判小组成员只是提问题，边听边做记录，然后还是提问题。美国人对此项交易很有信心，也做了认真的准备，用3台放映机展示各种图片，整个谈判一直是美国人滔滔不绝地介绍。日本人在第一个谈判小组回国后，又派出了第二个谈判小组，又是提问题，做记录，美国代表照讲不误。然后日本人又派了第三个谈判小组，还是故技重演，美国人已讲得不耐烦了，但也搞不清日本人要什么花招。等到美国人几乎对达成协议不抱什么希望时，日本人又派出了前几个小组联合组成的代表团来同美国人谈判，弄得美国人不知所措。因为他们完全不了解日本人的企图、打算，而他们自己的底细则全盘交给了日本人。当然，结果是日本人大获全胜，以对美国公司最不利的交易条件争取到了日本公司最大的利益。可见，会利用倾听也是一种非常有用的谈判战术。

这个案例说明，在谈判中采用多听少说的策略，对于洞悉对手实力，有的放矢地制定扬己之长、攻敌之短的决策具有重大的作用。如维克多·金姆在《大胆下注》中所说："你应该少说为妙。我确信如果你说得愈少，而对方说得愈多，那么你在谈判中就愈容易成功。"

这样，对方由于暴露过多，回旋余地就小。犹如一个站在灯光下，一个躲在暗处。他看你一团模糊，你看他一清二楚。这样你就掌握了谈判的主动权。

不可否认，讲话者也有可能借机向你传递错误信息或不向你传递你想要的信息，因此听也要讲究一定的技巧。

在谈判桌上，提高倾听的技巧，有下面这样几种方法可供参考。

(1)争取让对方主动开口说话，在对方摸不清你的意图的前提下，弄清对方的谈判要求和目的。

(2)谨记简单原则。简要说明讨论要点，尽量把自己的讲话缩减到最精练程度，因为你在讲话时，便不能聆听对方的发言。可惜许多人都忽略了这点。

(3)试着了解你的对手，试着由他的观点出发看问题。这是提高聆听技巧的最重要方法之一。

(4)始终注意听。在任何时候都保持注意力集中可不是件容易的事，特别是当谈判会议拖得很长时。但是，如果你总是走神，那么有很多重要的问题就可能被漏听了。

(5)试着将你的注意力集中在对方发言的"主旋律"上，而不让个别的字句难住或分散注意力。

(6)记笔记是帮助你集中注意力的手段之一。人的记忆能力有限，为了弥补这个不足，应该在听对方讲时做笔记。

(7)表现出有兴趣的态度。让对手相信你在注意聆听的最好方式，是适当地发问，要求阐明他正在阐述的一些论点。

(8)观察对方。他如果表现出紧张而不安，这很可能是他对他所说的话没有什么把握的信号。

(9)有鉴别地倾听。通常情况下，人们说话时边说边想，想到哪说到哪，有时表示一个意思要绕着弯子讲许多内容。从表面上听，根本谈不上重点

突出。因此，听话者需要在用心听的基础上，鉴别传递过来的语言信息，去伪存真，去粗取精。这样，才能够知道对方的意思，找出其漏洞进行说服。另外"听"有一个重要原则就是切勿按照自己的主观框框来听。按照自己的主观框框来听——即先入为主地倾听，这样做往往会扭曲说话者的本意，忽视或拒绝与自己心愿不符的意见，这种做法实为不利。

● 谈判中提问的技巧

谈判中的提问是为了摸清对方的虚实，掌握对方的心理，通过不断地提问来了解直接从对方那儿不容易获得的诸如成本、价格等方面的尽可能多的资料，以便在谈判中做出正确的决策。

比如，一位买主要购买 3000 件产品，他就先问如果购买 100、1000、3000,5000 和 10000 件产品的单价分别是多少。一旦卖主给出了这些单价，敏锐的买主就可从中分析出卖主的生产成本、设备费用的分摊情形、生产的能力、价格政策、谈判经验丰富与否。最后买主能够得到购买 3000 件产品非常优惠的价格，因为很少有卖主愿意失去这么多数量的买卖。

买主经常运用投石问路策略，通常都能问出很有价值的资料，这样知道的资料越多，就越能做出有利的选择。一般说来，可提出这样一些问题：

如果我们订货的数量加倍，或者减半呢？

如果我们建立长期合作关系？

如果我们同时购买几种产品？

如果我们增加或减少保证金？

如果我们分期付款？

如果我们自己运输？

如果我们淡季订货？

如果我们要求改变规格式样？

如果我们提供原材料？

每一个问题都好比一颗石头，掷向对方内心，落地有声，你要小心听"音"。

有这样一个眼镜师（谈判者）向顾客（谈判对方）索要高价的小故事。顾客向眼镜师问价："要多少钱？"眼镜师回答："10美元。"如果顾客没有不满的反应，他便立即加上一句"一副镜架"，实际上就成了"10美元一副镜架"。然后他又开口："镜片5美元。"如果顾客仍没有异议，狡猾的眼镜师就会再加上一句："一片。"这里，眼镜师运用了投石问路的方法，通过观察、判断顾客的反应，达到自己的目的。

谈判者为了在谈判中处于有利地位，有更多的回旋余地，往往采取严密的保密措施，力求不让对方抓住任何与本方"底牌"有关的蛛丝马迹。在这种情况下，直接发问是无效的，只有采取迂回作战，施展一些策略，运用一些技巧才会有所收获。

一位供货商在与某厂采购经理的谈判中，想提高产品的价格，但他并没有直接探询对方的反应，而是聊了一些似乎不着边际的话。

"我们想提高产品的质量，因此想知道你们厂对我们的产品有什么意见，最好能帮助我们提供一些数据，我们好及时改进。"

"嗯，你们的产品质量还不错，至于数据嘛，我可以在谈判后替你收集一些。不过据实验人员反应，你们产品的各项检测指标均优于我们曾用过的产品。"

"噢，非常感谢。据说你们厂这两年的效益非常好，规模越来越大，产品几乎没有任何积压。"

"可不是，几十条生产线昼夜不停，产品、原料都是供不应求，可忙坏我了。"

供货商听到这里，露出一丝不易察觉的微笑。

聪明的读者，你知道供货商为什么笑吗？

在这段似乎不着边际的谈话中，供货商探测到了对己方非常有利的两条信息：第一，本方提供的产品在该厂的信誉非常好；第二，对方的库存原料已经供不应求，存料马上就要用光。工厂正面临着极大的压力，希望尽早结束谈判以使生产不致因为原材料的缺乏而受到影响。不知不觉间，对方自亮了"底牌"。

供货商要想提高产品价格，就必须知道对方的弱点所在，并在此基础上给对方制造压力，让对方不得不让步。但他如果直接问采购经理，"我们的产品在你们厂曾用过的产品中是不是最好的?"同样久经沙场的采购经理绝对不会轻易给他肯定的回答，把他送上谈判中的有利位置。于是供货商转换了角度，以对顾客负责的姿态出现，询问对方对改进产品质量的意见，使采购经理放松了警惕，轻易就把本厂对该产品的评价和盘托出。

可见提问的关键并不完全在于"问"，而是"引"。最根本的要领是：提到点子上，听出话外音。

● 谈判中答话要因人而异

有人戏称谈判是一场顽强的性格之战。因为在谈判中要接触的对手可能千差万别，无论一个人经验如何丰富，也很难做到万无一失。因此，对于各种不同的谈判对象，可以视其性格的不同而加以调整，采取不同的策略。

1. 强硬的对手

强硬型的谈判对手情绪表现得十分激烈，态度强硬，在谈判中趾高气扬，不习惯也没耐心听对方的解释，总是按着自己的思路，认为自己的条件已经够好的了。尽管这种一厢情愿式的主观认识十分愚蠢可笑，但是他们仍然乐此不疲。

如果你遇到这样的谈判对手，你最好做好各种心理准备，准备应付各种尴尬场面，并在耐心的基础上理直气壮地提出你的理由。

强硬派总是咄咄逼人，不肯示弱。有的也许会什么也不说，有的干脆一口回绝，绝无回旋的余地。强硬派之所以如此"硬"，当然有一点原因不可否认，那就是他们拥有自身的优势，也有性格使然。自身拥有优势者总是待价而沽，囤积居奇，他们不愁他们的东西卖不出去。资本主义国家经济发达，产品性能优良，当他们面对经济不发达的国家时，这一点表现得尤为鲜明。

在谈判之中，表现强硬的一方很多时候是受了其上司的指示而故意这么做的。所以遇到这种情况，你可以直接去找对方的上司诉苦或申诉，要求他答应你的条件，解决你遇到的问题。

对你来说，损失的不过是一些时间而已，而为了自己的正当权益不受损害，这些时间的损失也值得。

当然，你去找对方的上司时最好不要满脸怒气，高声吼叫，要明白你到这里来的目的是求得和解。所以，你最好心平气和，把事件发生过程向对方仔细陈述，表明你受的损害有多么大，希望得到哪些补偿，等等。

找对方的上司不失为一个好办法，这样既可避免上法庭，又可借着上司的行政压力而解决问题。所以，这也是取胜的保证。

2. 坦率的对手

这种人的性格使得他们能直接向对方表示出真挚、热烈的情绪。他们十分自信地步入谈判大厅，不断地发表见解。他们总是兴致勃勃地进行谈判，乐于以这种态度取得经济利益。在磋商阶段，他们能迅速把谈判引向实质阶段。他们十分赞赏那些精于讨价还价，为取得经济利益而施展手法的人。他们自己就很精于使用策略去谋得利益，同时希望别人也具有这种才能。他们对"一揽子"交易怀有十足的兴趣。作为卖家，他希望买者按照他的要求作"一揽子"说明。所谓"一揽子"意指不仅包括产品本身，而且要介绍销售该产品的一系列办法。

他们会把准备工作做得完美无缺，他们直截了当地表明他们希望做成的交易、准确地确定交易的形式、详细规定谈判中的议题，然后准备一份涉及所有议题的报价表。陈述和报价都非常明确和坚定。坦率的对手不太热衷于采取让步的方式，讨价还价的余地大大缩小。与之打交道的最好办法，就是应该在其报价之前即进行摸底，阐明自己的立场。应尽量提出对方没想到的细节。

3. 攻击性强的对手

遇到攻击型的谈判对手，最好避其锋芒，击其要害。攻击型其实是有别于强硬型的一种。强硬型的谈判对手有时仅仅采取防御姿态坚持自己的原则立场，而攻击型的对手却是有目的有针对性地向你进攻，迫使你屈服，不给你反抗的余地。

攻击型的对手往往能寻找到一些理由加以攻击，并不是无中生有，因此，面对攻击型的对手如何应付就成了个难题。

攻击型的对手表面上看并不都是那么吓人，击败他的关键之处是要找到要害，也就是其理由不足之处。掌握了这一点，你也可以套用对付强硬派的手法来对付他，只要对方的气焰一灭，你再采用有理有节的方法与之对垒，用让他害怕的方式来威胁他，使他明白事情的轻重，不敢再闹。

对付这类人，当事人必须注意的一点就是：切莫惊慌，惊慌往往自乱阵脚；也不要过于愤怒，过于愤怒会没有分寸。自乱阵脚而失去分寸，那必受害无疑。

4. 搭档型的对手

搭档型的谈判对手或隐或显，虚实相间，最令人防不胜防。

搭档型的对手表现是：当谈判开始时，对方只派一些低层人员作为主谈手。等到谈判进入到快要达成协议时，真正的主谈手突然插进来，表示刚才的己方人员无权做主决定，或是刚才的价格过低，或者是时间不能保证。当你表示失望或觉得一切都完了的时候，对方会说："如果你确实急需，我也可以卖给你，但至少在价格上要做些调整……"你此时往往无可奈何。因为谈判进行到这个时候，你已完全摊开了底牌，对方已掌握了你谈判的一切秘密，如果你想达成协议，除了做出让步外别无他法。

当然，谈判必须是在有准备的情况下进行。谈判之初，你必须了解对手是否有权在协议书上签字，如果他表示决定权在他的上司那里，那你应坚决拒绝谈判。但是，也有另外的办法来应付这种情况。那就是，既然对手派的是下层人员与你谈判，你也不妨让下属人员去谈判或由别人代替你去谈判，待草签协议之后，你再直接与对方掌权之人谈判。这样，你将获得较大的转换空间，不至于到关键时刻被别人牵着鼻子走。

5. 犹豫的对手

在这种人看来信誉第一重要，他们特别重视开端，往往会在交际上花很长时间，其间也穿插一些摸底。经过长时间、广泛的、友好的会谈，增进了彼此的敬意，也许会出现双方共同接受的成交可能。与这种人做生意，首先要防止对方拖延时间和打断谈判，还必须把重点放在制造谈判气氛和摸底阶段的工作上。一旦获得了对方的信任就可以大大缩短报价和磋商阶段，尽快达成协议。

以上所举 5 种人经常能遇到，总结经验，有 6 种策略你都可以尝试。

(1)坚持一切按规矩办事。凶悍派、高姿态派、两极派都会强迫你接受他们的条件，你应拒绝受压迫，而且坚持公平的待遇。

(2)当对方采取极端立场威胁你时，可以请他解释为什么会产生这样极端的要求，可以说："为了让我更了解如何接受你的要求，我需要更多了解你为什么会这样想。"

(3)沉默是金。这是最有力的策略之一，尤其是对付两极派，不妨这样说："我想现在不适合谈判，我们都需要冷静一下。"

(4)改变话题。在对方提出极端要求时，最好假装没听到或听不懂他的要求，然后将话锋转往别处。

(5)不要过分防御，否则就等于落入对方要你认错的圈套。在尽量听完批评的情况下，再将话题转到"那我们针对你的批评如何改进呢？"

(6)避免站在自己的立场上辩解，应多问问题。只有问问题才能避免对方进一步的攻击。尽量问"什么"，而避免问"为什么"。问"什么"时，答案多半是事实，问"为什么"时，答案多半是意见，就容易有情绪。

● 谈判要有耐心

商务谈判是双方从利益冲突到利益均衡的较量过程，一般都要经过一个比较长的磨合时间，少则几天、几个月，多则几年，甚至十几年。时间的长短取决于利益冲突的程度和双方的诚意。是谈判就有较量，没有较量也就没有谈判，所以谈判不可能是一帆风顺的。在双方较量中，唇枪舌剑，针锋相对，一味强硬地坚持，常常使谈判陷入僵局，似乎到了山穷水尽的地步。

此时，耐心就是力量，耐心就是实力。如果你不具备其他方面的优势，那么，一定要有耐心。这样，你也有了防卫的筹码，在必要时，打乱对方的部署，争取胜利。

　　持续数十年的越美之战，使越南人耗尽了一切，资源设备均遭严重破坏，民不聊生，越南人确实想尽快结束战争。但在怎样结束的问题上，他们却使实力雄厚的美国人着实吃了一惊。越南政府放出信息："我们要把这场战争打 627 年，如果我们再打 128 年的话，那有什么要紧呢？打 32 年战争对我们来说只是一场快速战。"真是语出惊人！

　　越南人之所以这样，就是利用美国国内大选，竞选人急于想结束旷日持久的战争，以换取美国民众拥护的心理。越南人这种无所谓、不在意的态度，越发使美国人着急，本来主动权在美国，但却变得十分被动，费了九牛二虎之力才使越南人坐到谈判桌上来。

　　在巴黎和谈时，以黎德寿为首的越南代表团，没有住旅馆，而是租用了一栋别墅，租期是两年半。而以哈里曼为首的美国代表团则是按天交付旅馆的房费，他们只准备了几个星期的时间，甚至随时准备结束谈判，打道回府。结果怎样呢？越南在最不利的条件下，取得了最理想的谈判结果，这就是耐心的力量。

　　在实际谈判中，无数事例证明，如果你感到你的优势不明显，或局势对你不利的话，千万别忘记运用耐心。

　　不过耐心并非一味地等待，耐心是沉着中带有思考，这是一种柔中带刚的力量。

　　谈判，无论是外交谈判、商业谈判、协作谈判，并非人们想象中的日常对话那样，你问我答，快言快语，口若悬河，而是千方百计争取时间充分思考，以妥善方式有节奏地回答谈判对手问题，以免出言不慎而致一失足成千古恨。

　　在 1956 年的美苏两国最高领导人的谈判中，原苏共领导人赫鲁晓夫自恃比美国总统艾森豪威尔聪明，闹出了大笑话。

　　在谈判过程中，不论赫鲁晓夫提出什么问题，美国总统都是表现得似懂非懂、糊糊涂涂，总是先看看他的国务卿杜勒斯，等杜勒斯递过条子来后，艾森豪威尔才开始慢条斯理地回答问题。当时赫鲁晓夫很看不起艾森豪威尔，认为他智力低下，而他自己作为苏联领袖，当然知道任何问题的答案，而无须他人告诉自己要说些什么话。赫鲁晓夫当场讥讽地问道："究竟谁是美国的最高领袖？是杜勒斯还是艾森豪威尔？"

其实，是赫鲁晓夫错了。他不了解艾森豪威尔在谈判桌上所表现的特点，正是一种绵里藏针的隐藏力量。他这样做，至少已经充分做到了两件事情：既争取到了思考问题的时间，又获得了别人的提示启迪。绵里藏针，正是一种绝妙的谈判策略。

在这场谈判中，谁聪明？谁愚笨？从表面上看起来，赫鲁晓夫显得非常机敏、果断、博学，经常口若悬河、滔滔不绝；而艾森豪威尔却显得迟钝犹豫，缺乏果敢的领袖气概。但是，事实上却正好相反，美国总统是大智若愚，而赫鲁晓夫却是大愚若智。艾森豪威尔在谈判中的智慧表现在既能及时获得助手的提示忠告，同时又为自己赢得充分的思考时间，避免忙中出乱，急中出错，赫鲁晓夫则刚愎自用，闹出了许多诸如用皮鞋敲讲台的世界笑话，为天下人所耻笑。

耐心是一种以静制动的策略，它并不是无谓的压抑自己。在对方表现出较强优势时，不要惧怕，也无须以硬碰硬，不妨让他充分表演，而你完全可以靠平静消耗他的体力，待其气势已尽，你就可以从容不迫地发起反攻了。

以静制动这一策略稍稍变通，演化成"静施缓兵计"也是十分有效的。"静施缓兵计"是指为了使对方进退两难而静止不动，对对方的观点既不赞成也不反对，使其处于左右为难之地，而我方则静观其变，以静制动，以缓制动。这种策略的具体做法是：在对方要价很高但态度又坚决的情况下，请其等待我方的答案，或者以各种借口来拖延会谈时间。但是"缓兵"不是"搁浅"，表面是"静"，实则在"动"，目的是创造主动进攻的机会。这样拖延一段时间后，对方可能已信心大减，而我方则在这一期间准备了充足的谈判材料，足以和对方讨价还价。

● "红白脸"登场

1923 年，苏联国内食品短缺，苏联驻挪威全权贸易代表柯伦泰奉命与挪威商人洽谈购买鲱鱼。

当时，挪威商人非常了解苏联的情况，想借此机会大捞一把，他们提出了一个高得惊人的价格。柯伦泰竭力进行讨价还价，但双方的差距还是很大，谈判一时陷入了僵局。柯伦泰心急如焚，怎样才能打破僵局，以较低的价格成交呢？低三下四是没有用的，而态度强硬更会使谈判破裂。她冥思苦想终于想出了一个办法。

当她再一次与挪威商人谈判时，柯伦泰十分痛快地说："目前我们国家非常需要这些食品，好吧，就按你们提出的价格成交。如果我们政府不批准这个价格的话，我就用自己的薪金来补偿。"

挪威商人一时竟呆住了。

柯伦泰又说："不过，我的薪金有限，这笔差额要分期支付，可能要一辈子。如果你们同意的话，就签约吧！"

挪威商人们被感动了，经过一番商议后，他们同意降低鲱鱼的价格，按柯伦泰的出价签订了协议。

柯伦泰的忠诚和才干，特别是她在谈判处于不利的形势下采取"红白脸"的技巧，赢得了谈判的成功，购得了人们需要的食品，得到了政府和人民的赞扬。第二年，她被任命为苏联驻挪威王国特命全权大使，成为世界上第一个女外交家。

一味地用和气、温柔的语调讲话，一个劲儿地谦虚、客气、退让，有时并不能让对方信赖、尊敬及让步，反而会使一些人误认为你必须依附于他，或认为你是个软弱的谈判对手，可以在你身上获得更多更大的利益。

相反，如果你一开始就以较强硬的态度出现，从面部表情到言谈举止，都表现高傲、不可战胜、一步也不退让，那么留给对方的将是极不好的印象。这样，会使对方对你的谈判诚意持有异议，而导致失去对你的信赖和尊敬。

正确的做法应当是"软硬兼施"。须知，强硬与温柔相结合，红脸与白脸配合出现，能使人的心态发生很大的变化。强硬会使对方看到你的决心和力量，温柔则可使对方看到你的诚意，从而可以增强信任和友谊。在商务谈判中，软硬兼施的策略被谈判者普遍采用。凭软的方法，以柔克刚；又用硬的手段，以强取胜。软硬兼施的方法通常还可以由两个人来实行。

在谈判中，本方由一个成员扮演强硬派角色，坚持提出较高的要求，不轻易退却，努力捍卫本方的利益。由另一位成员扮演合作者角色，他在开始时并不马上参与意见，而是保持沉默，既维护好与对手的关系，又不损害本方强硬人物的"面子"。他要善于观察谈判形势的发展变化，适时地参与进来提出建议或做出某些让步。这也就是我们俗称的"红白脸"策略。

在运用红白脸策略时，对以下几点要领应注意把握。

(1)从红脸、白脸的角色分配来看，两种角色的分配应和本人的性格特征基本相符，即扮"红脸"者应态度温和、经验丰富、处事圆滑、言语平缓、性格沉稳；而扮"白脸"的人则应雷厉风行、反应迅速、善抓时机、敢于进攻、言语有力。如果让性格特征不相称的人去扮演这种角色，就会出现强硬派硬不上去，而红脸反倒硬了起来，结果导致希望和实际效果不符，场面一团糟，反倒使对方有机可乘，乘虚而入。

(2)两种角色一定要注意相互配合，看准时机，把握火候，在"白脸"发动强攻时，"红脸"就要充分注意对方的反应，如果对方以牙还牙，以硬对硬，"红脸"就要在适当时候出面调停，让"白脸"有台阶下。否则，"白脸"收不了场，而"红脸"又不及时出面，就可能使谈判僵持、暂停或是破裂。

(3)在使用红白脸策略时，要求担任"白脸"角色的人既要善于进攻，但又必须言之有理，讲究礼节，不肯轻易让步而不是胡搅蛮缠。而"红脸"也不能过于软弱，要掌握好分寸，既要掌握好让步的分寸，也要适度使用语言。

(4)从角色的分工来看，"红脸"一般由主谈人来充当，"白脸"由助手来充当，因为从红白脸策略的整体特点来看，"红脸"掌握着让步的分寸，总揽全局，而且从心理学角度来讲，"红脸"的观点也易为对方所接受，所以这样分工比较合适。

● 追求双赢的至善境界

什么是成功的谈判？有人认为：以在谈判中自己获得利益的多少作为评判标准，获得利益越多则标志着谈判越成功；有的则认为：在谈判中本方气势越高，对方气势越低则谈判越成功……其实，这些看法与做法都是

比较片面的，有时甚至是有害的。

如果只把目光盯在获利的多少上，自然就会在谈判方式方法上做得较为苛刻，一定会招致对手的反感。如果对手刚好是比较看中长远利益的情况下，那么这种人所获得的引以为自豪的那部分利益远远小于他本来可以获得的利益。他之所以认为自己获得的最多，是因为他没有看到远景发展，而只是看到眼前。这种认为获利越多就越成功的做法是目光短浅的表现。

美国谈判学会会长、著名律师尼尔伦伯格认为："谈判不是一场棋赛，不要求决出胜负，也不是一场战争，要将对方消灭或置于死地。恰恰相反，谈判是一项互利的合作事业。它的目的是双方的共赢"。

在现代谈判中，传统的分配模式不但无助于协议的达成，反而可能有害。对争论的东西，或者是我得到，或者是你得到。一方多占一些，就意味着另一方要损失一些。而新的谈判观点则认为，在谈判中每一方都有各自的利益，但每一方利益的焦点并不是完全对立的。一项产品出口贸易的谈判，卖方关心的可能是货款的一次性结算，而买方关心的是产品质量是否一流。因此，谈判的一个重要原则，就是协调双方的利益，提出互利性的选择。

在一定情况下，谈判能否达成协议取决于提出的互利性选择方案。为了更好地协调双方的利益，不要过于仓促地确定选择方案，在双方充分协商、讨论的基础上，进一步明确双方各自的利益，找出共同利益、不同利益，从而确定哪些利益是可以调和的。

当然，考虑对方的利益，并不意味着迁就对方、迎合对方。恰恰相反，如果你不考虑对方的利益，不表明自己对他们的理解和关心，你就无法使对方认真听取你的意见，讨论你的建议和选择，自然，你的利益也无法实现。

实现"皆大欢喜"的谈判是有原则和标准的。

斯科特对"公平"标准的看法是：要么谈判各方都得到了平等的满足，要么就是各方都感觉不满足。而不是一方满足而另一方不满足的不平等结局。在不平等的结局下产生的协议是很难获得完全实施的。

但是，在谈判实践中，谈判者对任何一项谈判结果究竟是否满足很难界定。也就是说，对满足与不满足很难确定出一种绝对的标准。在这种情况下，斯科特提出了实现"皆大欢喜"的以下几条谈判原则：

(1)在基本的态度和认识上，谈判者应当明确，在谈判中要努力设法为自己一方谋得利益，但并不一定意味着要去损害对方或他人的利益。

(2)要积极地影响对方对事物评价的方法，要在不损害本方利益的前提下，去引导对方获得满足感。由于谈判者对事物评价的方法直接地影响甚至决定着他对事物需求的满足感，所以谈判高手通常不会以牺牲本方利益去使对方获得满足（实际上，以牺牲本方利益的方式去与对手谈判，不但不会使对手感到满足，往往还会刺激对方更多更大的需求。历史上许多不平等协议的签署过程无不证实了这个问题)，而是积极地影响对方看待事物的角度、观点。

谈判就意味着各取所需，而不是互相损害。不是去追求那种绝对的公平，将"蛋糕"和上面那层"奶油糖霜"都切为两半，无论你是否喜欢都要优劣搭配地分割。而是将"蛋糕"的一大半或绝大部分划给那位喜欢"蛋糕"而不是喜欢"奶油糖霜"者，同样地，将"奶油糖霜"的一大半或绝大部分划给喜欢"奶油糖霜"而不是喜欢"蛋糕"者。各得其所，这样，谈判双方都能感到自己获得了所需利益的大部分。

(3)谈判者要有一个关于"本方利益"的准确概念。究竟什么是本方的利益，谈判者应当认识清楚、准确，如有可能，要有数字分析根据。

(4)谈判者要通过摸底，经常分析对方利益之所在，以及在哪些方面、在什么条件下本方可以给对方以满足。

(5)为了平等地与对方谈判并最大限度地谋得本方的利益，谈判者不必十分努力地去制造诚挚与合作的谈判气氛，也不必特别注重强调双方的一致性，只要在谈判时能有一个愉快、轻松和认真的工作气氛就行了，谈判者只要有可能，也可要求在谈判程序上做一些对本方有利的安排。

(6)选择那种有助于更多地了解对方需要和让步方式的议题先行讨论，对本方较为有利。谈判者可以通过对该议题的讨论，更好地准备本方的让步方案，更好地知道让步多少和何时让步对自己最为合算。

成功的谈判要求谈判者既能坚持自己的利益，又不固执己见。最好的方案是开阔视野，为共同利益提出多种选择。

要做到这一点，应分两步走。

第一步，寻找共同利益。

从理论上讲，共同利益有助于谈判双方达成协议，也就是说，提出一个能满足双方共同利益的主意，对双方都是有利的。作为一个谈判者，几乎总是要寻找一些可以令对方同样感到满意的解决办法，因为几乎在所有的情况下，你对谈判结局的满意程度都取决于对方对协议所期望的满意程度。

关于谋求共同利益，要牢记以下几点：

(1)每一场谈判都潜伏着各方的共同利益，它们可能不是十分明显的。谈判者应努力去寻求，寻求合作与互利的机会。

(2)共同利益是机会而不是天赐。谈判人员要善于创造机会、利用机会、抓住时机将共同利益明确地表述出来，系统地阐述清楚。

(3)在互相交流的过程中，要尽量强调共同利益给双方带来的好处，尽量避免发生对谈判进展无益的争执，这样会使谈判在和谐的气氛中顺利进行。

第二步，为谈判所涉及问题的解决提出多种选择。

要想使商务谈判获得成功，谈判双方应共同努力营造广阔的谈判空间，这一空间应由双方在未来的谈判中能提出的并能从中共同选择的大量建议构成。

多种选择的提出，可以通过以下途径：

(1)从不同的角度看待谈判所涉及的问题。比如，我们在进行一项贸易谈判时，就可以从银行家、发明家、房地产商人、证券经纪人、经济学家、税务专家或政府工作人员的角度分析所涉及的问题。思考他们将如何判断形势，将会提出哪些办法和切实可行的建议，从而为你对所涉及的问题做出多种选择提供帮助。

(2)设法提出不同效力的协议。在谈判过程中，当无法取得所期望的协议时，千万不要轻言放弃，在不损及所预期的经济利益的前提下，不妨退而求其次，用准备好的"弱化"词提出大量可能的协议。

商务谈判中，谈判双方进行沟通的终极目的就是实现合作，以获取各自所预期的经济利益。所以，在谈判的时候要追求"双赢"，兼顾各方利益。

第四节 即席演讲

● 态度诚挚，以情动人

即席讲话的最大特点在于"助兴"。所谓"助兴"，就是指讲话者在环境、对象、内容的感召下，有一种强烈的表达欲望。这种欲望产生于讲话之前，贯穿于讲话的全过程中，它首先应当体现在讲话的态度诚挚。诚挚的态度能够直接影响听众的情绪，关系到听众对讲话内容的接受程度。

诚挚、热情、坦率的讲话能够吸引听众，能够缩短讲话者与听众之间的距离，使听众始终为讲话者的诚恳坦白所打动，大大增强讲话的实效。

例如，邢台地震的第二天，周恩来总理不顾频繁余震的危险，怀着沉重的心情，赶赴灾区看望受灾的群众。当时春寒料峭，裹着沙砾的西北风一阵紧似一阵。总理看到数千名群众迎风坐着等他讲话，当即对县委书记说："风沙这么大，怎么让老乡们朝着风坐呀？你说，一个人跟几千群众相比，哪一方面更应该照顾？"接着又用深沉的语调说："我是作为国务院总理来看望受灾群众的，但我是一个共产党员，你想想，共产党人哪有让群众吃苦在前而自己吃苦在后的道理呢？"他亲自指挥群众朝南坐下，自己绕过去，站在一个木箱上，迎着漫天风沙向群众讲话。

当总理号召灾区人民"自力更生，奋发图强，发展生产，重建家园"时，

群众激动得热泪盈眶，总理讲一句，大家齐声响应一句。当总理讲到"一方有难，八方支援，等你们恢复了生产，重建了家园，我再来看望你们"时，几千名群众一齐站了起来，口号声此起彼伏，连成一片。

周总理不愧为卓越的政治家、宣传家，他讲话的魅力就在于他善于把共产党人关心人民疾苦的诚挚感情注入自己的讲话之中。这样的讲话富有感染力，当然能够深深地打动灾区群众的心，使群众精神振奋地投入重建家园的工作中。

● 生动活泼，吸引听众

即席讲话，应力求生动活泼，以增强临场气氛。你可用听众比较熟悉的特定的地点、特定的节目，或有某种象征意义、纪念意义的实物等来设喻，把抽象的道理说得生动形象，增强讲话的通俗性和说服力，使人听起来亲切动情。

如著名爱国人士续范亭在抗战学院开学时向学生作即兴讲话，开场就说："我作为你们的校长，不像别人要你们服从我个人，不是的！而是要你们服从革命。今天礼堂门口挂着'熔炉'两个字，很好。现在中国有三个熔炉：一是延安、晋察冀边区，八路军和新四军所在地——这是革命的熔炉；二是大后方的熔炉，有革命的，也有施行顽固教育的；三是汪精卫——日本的奴才的熔炉……"他即景生情，信手拈来，把性质不同的三种环境比作影响人、改造人的三种不同"熔炉"，加深了学员对革命熔炉的理解，使听众备受感染。

即席讲话，贵在有"兴"。兴有所激，乃是吸引、激励听众的重要因素。因此，即席讲话者应讲究一些艺术手法。在内容上，以短小精悍，结构严谨为佳。冗长散杂、啰唆重复，必然会使人乏味。讲话前将自己所要讲的内容先确定几层意思，并反复加以浓缩，阐述得简洁、新颖，且条理明晰。即席讲话多为小型场合，除少数庄重的会议外，一般应庄谐结合，适时口出妙语，造成轻松和谐的气氛，以使听众易于接受自己的观点。即使在严肃的场合，如能适当增添一点风趣，也很容易沟通彼此感情、增强讲话效果。

● 立场鲜明，以理服人

讲话时诚挚的态度来源于讲话人对听众的尊重，只有这样，才能得到听众的尊重和信任，如果讲话者态度倨傲，以势压人，也就不可能得到听众的信任和尊重，不可能在讲话时推心置腹，打动人心。这种诚挚的态度在讲话中应该具体地表现为襟怀坦白，观点鲜明。"诚挚"不等于"迁就"，诚挚感情应当融进话里所表达的观点之中，使观点更鲜明，使每一句话都是感情的凝聚，心声的流露，使讲话情动于中、寓情于理。尤其是某些批评性的讲话更要注意这一点。

小说《高山下的花环》中，雷军长在战前动员会上的即兴讲话震撼人心，痛快淋漓，关键就在于他的讲话观点鲜明，态度诚挚。当时，高干子弟赵蒙生的母亲利用职权为儿子逃避上前线"开后门"，在连队即将开赴前线杀敌时，把电话摇到前沿指挥所找雷军长说情。这件事激怒了雷军长，他在对指战员的讲话中，怒吼道：

"我的大炮就要万炮轰鸣！我的装甲车就要隆隆开进！我的千军万马就要去杀敌！就要去拼命！就要去流血！！可刚才，有那么个神通广大的贵妇人，她竟有本事从几千里以外，把电话要到我这前沿指挥所！此刻我指挥所的电话，分分秒秒，千金难买！可那贵妇人来电话干啥？她来电话是让我给她儿子开后门，让我关照关照她儿子！奶奶娘，什么贵妇人，一个贱骨头！她真是狗胆包天！她儿子何许人也？此人原是军机关干事，眼下就在你们师某连当指导员……奶奶娘，走后门，她竟敢走到我这流血牺牲的战场上！我在电话上把她臭骂了一顿！我雷某不管她是天老爷的夫人，还是地老爷的太太，走后门，谁敢把后门走到我这流血牺牲的战场上，没二话，我雷某要让她儿子第一个扛上炸药包，去炸碉堡……"

雷军长态度鲜明，充满激情的讲话博得了广大指战员撼天动地的掌声，也使受到严厉批评的赵蒙生痛感愧悔。赵蒙生经过激烈的思想斗争，终于立下献身祖国的壮志，并在战斗中荣立了大功。雷军长的讲话充满了对歪风邪气的愤恨，尽管他没有用更多的语言去表达他对广大战士的深切的爱，

但是他那诚挚的感情，深刻而鲜明的观点，已经融入他的讲话之中，使广大战士和赵蒙生同时感受到强烈的震动。可以想象，如果雷军长面对"走后门"和"逃兵行为"采取吞吞吐吐，甚至"迁就"的态度，怎么能使赵蒙生幡然悔悟，怎么能说是对赵蒙生的爱护呢？同时，也必然会伤害广大战士的积极性，严重地挫伤部队的战斗力。雷军长以诚恳而鲜明的态度发表的这段充满激情的即席讲话，对包括赵蒙生在内的广大指战员是一次极好的战前动员。雷军长虽是小说中的人物，但这种讲话方式是很值得讲话者学习的。

● 脱颖而出的主题构思方略

主题，是演讲的灵魂，大凡即兴演讲与说话，都有一个特定的讲题范围，只是范围有大有小罢了。于是就有一个选题是否新颖的问题。只有脱颖而出的主题才能让人为之侧目。

有位演讲者参加了以"交通安全"为演讲主题范围的演讲比赛。他分析了这个主题之后，感觉到可能很大一部分选手会立足于"人们交通安全意识淡薄而产生的危害"这方面材料，展示在听众面前的可能是一幅幅骇人听闻、惨不忍睹的血腥事件。这样，十几名选手讲下去，听众会听得喘不过气来，时间长了，会产生一种倦怠的感觉。考虑之后，他想从新的角度去表达。于是他选准现代生活中很多人不理解交通警察，以致使交警的工作举步维艰，如果全社会都来理解交警，支持交警的工作，交通事故将会减少。他斟酌再三，确立了以《奉献与理解》为主题，通过赞颂交警默默耕耘，为祖国、为人民无私奉献的精神，呼唤人们理解交通安全工作。他的演讲为比赛吹来一股清凉的风，赢得了听众的热烈掌声。

在演讲中，创新已经成为一种时尚的追求，创新主题的途径，无外乎以下3种。

1. 钩沉发微法

即兴说话中用到的材料一般都是习以为常的事物，这里要求针对这一事物现象，发现人们向来并不注意的本质意义，从而确定更新颖主题的方法。某些常见的事情，并不符合实际，但往往被当作正确的东西长期相传，浮在面前，人们也并不认真加以追究，而对那些事理的正确认识，却沉到了生活的最底层。如果把它们钩出来，确定为主题，自然能够突破习见或传统看法，使听众耳目一新。

2. 角度变换法

艺术摄影不算从正面平视的角度拍摄，镜头可侧，可背，可仰，可俯；可以逆光，可以顺光。只有这样才能拍摄出不同特点的照片。从同一则材料中发现不同的主题，也需要这种艺术，这就是角度变换法。苏轼的"横看成岭侧成峰，远近高低各不同"这句诗，很形象地说明了这种方法的奇特作用。任何事物的内部结构都比较复杂，外部情况也是多种多样，因而同一事物除了具有正面基本意义之外，还具有许多旁引乃至反面性的意义。因此，在构思过程中就可以从多角度引出众多主题进行充分选择，避开俗题。

3. 知识杂交法

即把自己熟练掌握的不同学科中相对独立的知识或问题结合起来，使之构成一个新的研究题目进行研究，从而引出全新的观点的方法。这也是学术研究选题创新的重要方法之一。在即兴演讲当中，针对那些比较客观的材料和标题，构思时候应将这些感情的东西渗入到个人的生活经历或经验以及自己的文化知识中，这样一来，你已赋予这个题材新的内涵。于是，这个主题便在无形中产生了新意。

最后不能忽视的一点是，新颖的主题被选出来后，必须给它冠一个漂亮的、能准确概括它的名字，这就是题目。题目的拟定务必要做到简洁、新奇、意远，让听众"一听便知，过目不忘"。

● 语言应通俗易懂

演讲的目的是让人听懂。台下听众水平尽管不一，但是都要在短时间内迅速弄懂讲话人的每一句话，全面理解话里的观点，这并不是一件很简单的事。如果，讲话人在讲话时板着面孔，卖弄辞藻，用一些艰涩的词汇和听众捉迷藏，无异于存心让听众听不懂，这样的讲话岂不是瞎耽误工夫？

人们对任何道理的认识，都要经过由浅入深、由具体到抽象的过程，所以在演讲中，应当使用通俗易懂、生动形象的语言来表情达意。这样，才能使所讲的道理易于被听众接受，才能使所讲的话受到听众的欢迎，才能给听众留下深刻的印象。

事实上，有时一个精彩贴切的比喻，可以使一个复杂的道理，显得十分简洁明确，这也是人们常常感到某些讲话乍听起来平淡朴素，但是却耐人回味，而且越琢磨越感到真切清新、寓意深刻的原因。

例如，我国医学家修瑞娟在讲到我国某些行政机关的官僚主义作风时，说道："好比我种了一块西瓜地，瓜成熟了，谁都想到这块地上摘瓜。美国、联邦德国、瑞典、瑞士的人都订了'抢瓜'方案，外国专家都争着与我们协作，利用我们的科研成果。可是，回国来呢，像是遇到个80多岁的老奶奶，嘀嘀咕咕，还怀疑你种的是不是西瓜？是红瓤的还是白瓤的？你先给我把瓜切开，我要尝尝你那瓜才决定是否摘瓜。"

她的这一段话用通俗贴切的比喻，生动形象地讽刺了官僚主义作风，既尖锐深刻，又给人以启迪，使人一听就懂。这样的话，听众怎么能不欢迎呢？

通俗易懂也并不是使语言过分庸俗，它有一个标准，就是演讲者所运用的语言与大多数听众的水平相适合。如果听众是高知识层次的专家、学者，就要求讲话者使用语言时不能过于通俗化，否则将会显得啰唆冗长，达不到满意效果。

因而，演讲时讲话人要针对不同对象的接受能力，灵活掌握语言的应用。

● 以数字服人

在古今中外的诸多演讲中，数字因其表意清楚、明白，说服力强，表达准确而被广泛应用。数字宛如一颗颗晶莹透明的星座，散发着奇异的光彩，点缀着一篇篇演讲佳作。

1972年，来自纽约的一位女国会议员贝拉·伯朱格进行了一次演讲，呼吁在政治生活中给妇女以平等地位。她说：

"几个星期前，我在国会倾听总统对全国发表的讲话，在我周围落座的700多人有17位女性。在435名众议员中，只有1个是女的，在100多名参议员中只有1个女的；内阁成员中没有女的，最高法院中也没有女的。"

她的话很简练，而且大多是数字，但是，就在这数字的巧妙运用中，伯朱格说明了她的道理，而且远比发表鸿篇大论来得更直接。

演讲中数字的威力很大，但是运用要简洁、精巧，不要太滥太泛。如果使用得当，令人震惊的统计数字极为有效。但你一定要记住，如果数字不保持简短干练，将很容易引起误解。

数字的用法最常见的是一种"数字换算"，可以把抽象的数字换算成具体的可联想到的事物，这能有效地增强说服力。

日寇在侵华期间，残杀了成千上万的中国百姓。日本侵略军的双手沾满了中国人民的鲜血。然而，日本军国主义者至今还时时对此狡辩，企图推卸罪责。为此，有人举日寇在南京屠城的例子发表演说：

"在兽性发作的一个多月中，日本侵略军在南京屠杀了30多万中国人！30多万人排起来，可以从杭州连到南京！30多万人的肉体能堆成2座37层高的金陵饭店！30多万人的鲜血，足足有1200吨！"

这段话利用"数字换算"，把不幸遇害的人数换算成了一个距离，一个高度，一个重量，让人深切地感受到，日寇所犯下的滔天罪行。

但并不是所有的数字都能采用"换算"的方法。适宜换算的数字一般来说有3种。

1. 特别大的数字

有些数字尽管巨大，但如不换算，人们不一定意识到它的巨大。如"1133亿美元"，究竟大到何等程度，一般人并不十分清楚。有人这样换算："海湾战争耗资1133亿美元，这笔巨款足够给联合国世界粮食计划署对第三世界投资200年。这次战争的消耗相当于40个非洲国家一年的收入，相当于目前非洲各国所欠全部债务的一半，相当于联合国教科文组织向6个非洲国家1200万名母亲和儿童提供1000次紧急援助的金额，相当于伊拉克近10年来全部军事开支，相当于向非洲国家提供6年发展援助款项的总额。"[1]

个"足够", 5 个"相当于", 这 6 次"换算", 使人有了具体印象, 叹为观止。

2. 特别小的数字

有些数字特别小, 生活中感受不到, 不换算就不知它小到何等程度。有人说: "原子真是小极了……50 万到 100 万个原子, 一个挨一个排起'长蛇阵'来, 也只有一根头发直径那么小的一点儿。"这样一算, 听众的感觉就很具体, 印象很深。

3. 需要特别强调的数字

上海乘车拥挤, 可称全国之最。有人说: "行路难, 行路难, 号称东方大都市的上海, 人均占有道路面积仅 2 平方米, 上下班高峰时, 公交车厢里每平方米竟站立 13 人之多。每个成人一双脚有 540 平方厘米, 大概连陈景润也难以计算出人们是如何站立的。"这段话中用换算法突出了车厢之拥挤, 而这是讲话者需要特别强调的。

只要抓住了数字运用的妙法, 就能使它在演讲中发挥出意想不到的效果。

● 结尾利索又能让人回味无穷

即席演讲, 如能有一个好的开头, 好的内容, 再有一个好的结尾, 那就可以达到很好的表达效果。结尾时, 更需要有力度, 不冗长拖沓, 更不画蛇添足, 而要在言不必尽或达到高潮时戛然而止, 给听众以深刻的印象, 留有回味的余地。

比如, 美国的莱特兄弟在成功地驾驶动力飞机上蓝天后, 人们在法国的一次欢迎酒会上再三邀请哥哥威尔伯讲话, 他即席讲道: "据我们所知, 鸟类中会说话的只有鹦鹉, 而鹦鹉是飞不高的。"

这一句深含哲理的即席讲话, 博得了与会者长时间的鼓掌, 至今还一直为世人所称道。

即席讲话结尾的方法很多, 可用充满激情的话语结尾, 总结全篇的简短结论结尾, 赞颂的话语结尾, 名言警句结尾, 诗词歌赋结尾。幽默的语言结尾和号召呼吁结尾等。不论采用哪种方法, 都应使结尾干净、利落, 既起到再现主题、收拢全篇的作用, 又能让别人回味无穷。

第七章

掌握说话艺术，懂得对什么人说什么话

在错综复杂的人际关系中，我们同时要和多种人打交道，由于每种人的志趣喜好不同，我们的说话方式也要做及时调整，这样在交往过程中，就不至于处于被动地位。

最会说话的人最善于根据不同的人采取不同方式进行对话，创造良好人脉。

第一节 与陌生人一见如故

● 说好第一句话

马斯洛的层次需求理论认为，自尊和自我实现是一个人较高层次的需求，它一般表现为荣誉感和成就感。而荣誉和成就的取得，还须得到社会的认可。而赞扬的作用，就是把他人需要的荣誉感和成就感，拱手相送到对方手里。当对方的行为得到你真心实意地赞许时，他看到的是，别人对自己努力的认同和肯定，从而使自己渴望别人赞许的动机在荣誉感和成就感接踵而来时得到满足，在心理上得到强化和鼓舞，养精蓄锐，更有力地发挥自身的主观能动性，向着自己的目标冲击。而此时，如果你想和他建立一种亲密关系或是求他办事，往往是十拿九稳的。

高尔基说过："最难的是开头，如同音乐一样，全曲的音调都是它给予的。"讲话往往也是如此，第一句话也是最难的，而这句话往往又是最重要的。因为你若说得不得体，可能会给别人留下一个不好的印象，从而打消了对方与你继续交谈的兴致。

一次成功的谈话必须要有一个精彩的开头。用名人的话或是令人震惊的事实开始谈话往往可以一鸣惊人，这些话题在一般人的心中都有种莫名的吸引力。

有些人胆子非常小，不敢主动向对方问好。其实，这并不是一件难事，你为何不抛弃自己胆怯的心理，大胆地跟他说："我一直想跟你说话，但是我很怕接近你。"此语单刀直入，会令对方无法拒绝你。这不仅让你能开始以下的谈话，而且还是种最有效率的沟通方式，省了一堆繁文缛节。

可以说，初次见面的第一句话，说好说坏，关系重大。这时你可以选择说些轻松有趣的事情，使对方心情放松，总的原则是：亲热、贴心、消除陌生感。常见的有以下 3 种方式。

1. 攀认式

赤壁之战中，鲁肃见诸葛亮的第一句话是："我，子瑜友也。"子瑜，就是诸葛亮的哥哥诸葛瑾，他是鲁肃的挚友，短短的一句话就定下了鲁肃跟诸葛亮之间的交情。

其实，任何两个人，只要彼此留意，就不难发现双方有着这样或那样的"亲"、"友"关系。例如：

"你是复旦大学毕业生，我曾在复旦进修过两年。说起来，我们还是校友呢！"

"您是体育界老前辈了，我爱人可是个体育迷，咱们也算得上是'近亲'啊！"

"你是湖南的，我是湖北的，两地近在咫尺。今天能碰巧遇见，也算很有缘！"

2. 敬慕式

对初次见面者表示敬重、仰慕，这是热情有礼的表现。用这种方式必须注意：要掌握分寸，恰到好处，不能乱吹捧，不说"久闻大名，如雷贯耳"一类的过头话。

表示敬慕的内容应因时因地而异。例如：

"您的大作我读过多遍了，受益匪浅。想不到今天竟能在这里一睹作者风采！"

"今天是教师节，在这光辉的节日里，我能见到您这颇有名望的教师，不胜荣幸！"

3. 问候式

"您好"是向对方问候致意的常用语。如能因对象、时间的不同而使用不同的问候语，效果则更好。

对德高望重的长者，宜说"您老人家好"，以示敬意；对年龄跟自己相仿者，称"老×（姓），你好"，显得亲切；对方是医生、教师，说"李医师，您好"，"王老师，您好"，有尊重意味；节日期间，说"节日好"、"新年好"，给人以祝贺节日之感；早晨说"您早"、"早上好"，则比"您好"更得体。

● 别出心裁的自我介绍

在向陌生人作自我介绍时，首先要做的就是自报姓名，但许多人在这方面却做得不太好，在介绍时只是简单地报出自己的姓名："我姓×，叫××。"自以为介绍已经完成，然而这样的介绍肯定算不上有技巧，也许只过了三五分钟，别人已经把他的姓名忘得一干二净。这样也就无法给别人留下深刻的第一印象。

一个人的姓名，往往存有丰富的文化积淀，或折射凝重的史实，或反映时代的乐章，或寄寓双亲对子女的殷切厚望。因此，推衍姓名能令人对你印象深刻，有时也会令人动情。

1. 利用名人式

在新生见面会上，代玉自我介绍时说："大家都很熟悉《红楼梦》里多愁善感的林黛玉吧，那么就请记住我，我叫代玉。"

再如王琳霞："我叫王琳霞，和世界冠军王军霞只差一个字，所以，每次王军霞获得世界冠军时，我也十分激动。"

利用和名人的名字相近的方式来介绍自己的名字，关键是选的名人是大家都知道的，否则收不到效果。

2. 自嘲式

如刘美丽介绍自己时说："不知道父母为何给我取'美丽'这个名字。我没有标准的身高，也没有苗条的身材，更没有漂亮的脸蛋，这大概是父母希望我虽然外表不美丽，但不要放弃对一切美丽事物的追求吧。"

3．自夸式

如李小华："我叫李小华，木子李，大小的小，中华的华。都是几个没有任何偏旁的最简单的字，就如我本人，简简单单、快快乐乐。但简单不等于没有追求，相反，我是一个有理想并执着追求的人，在追求的路上我快乐地生活着。"

4．联想式

如一个同学叫萧信飞，他便这样做自我介绍："我姓萧，叫萧信飞。萧何的萧，韩信的信，岳飞的飞。"绝大多数人对"萧何月下追韩信"的典故和民族英雄岳飞都是熟悉的，这样一来，大家对他的名字当然印象就深刻了。

5．姓名来源式

如陈子健："我还未出生，名字就早在我父亲的心目中了。因为他很喜欢这样一句古语'天行健，君子以自强不息'，于是毫不犹豫地给我取了这个名字，同时希望我像君子一样自强不息。"

6．望文生义式

如秦国生："我是秦始皇吞并六国时出生的，我叫秦—国—生。"

与其他方法相比，望文生义法有更大的自由发挥余地，例如下面的几例：

夏琼——夏天的海南，风光无限。

杨帆——一帆风顺，扬帆远航。

皓波——银色的月光照在水波上。

秀惠——秀外慧中，并非虚有其表。

7．理想式

如向红梅："我向往像红梅一样不畏严寒，坚强刚毅，在各种环境中都要努力上进，尤其是在艰辛的环境里，更加绽放出生命的美丽。"

8．释词式

即从姓名本身进行解释。如朱红："朱是红色的意思，红也是红色的意思，合起来还是红色。红色总给人热情、上进、富有生命力的感觉，这

就是我的颜色!"

9.利用谐音式

如朱伟慧:"我的名字读起来像'居委会',正因为如此,大家尽可以把我当成居委会,有困难的时候来反映反映,本居委会力争为大家解决。"

10.调换词序式

如周非:"把'非洲'倒过来读就是我的名字——周非。"

11.激励式

如展鹏在新生见面会上说:"同学们,我们从五湖四海走到这里,为了什么?不就是为了好好学习,今后在社会这片广阔的天空中大鹏展翅,自由翱翔吗?"

12.摘引式

如任丽群:"大家都知道'鹤立鸡群'这个成语,我是人,更希望出类拔萃,所以,我叫任丽群。"

但是,自我介绍中光介绍名字显得有些单一,应该再加入更多的信息量,这样会使你的自我介绍更加出彩,给人留下深刻印象。

你完全可以把自己的经历编成一个小小的故事,说给听众听,这样或许他们更有兴趣些。例如:

"我叫陈实定,户口本上是这样写的。但一直以来,人们都叫我'陈实(诚实)',开始还常常有错觉,认为别人把自己的名字叫错了。但时间久了,也就习以为常了。以为去掉'定'反而更好,因为大家喜欢这么叫,认为我人如其名,非常诚实,故此我也很乐意接受。

"说起来人名只不过是个代号,为了便于大家记忆,代号也最好大众化一些,说起来,我这个人很容易和大家相处。关于这一点,相信大家认识我之后,就一定会有所了解,而且我诚实善良,很得大家信任。

"我的职业是个个体服装商,开了个服装店,从事这个职业并非是我精挑细选的结果,而是根据自己名字的特征,希望做个诚实商人,因此店名就叫'诚实衣屋',你们觉得这个名字如何?由于我诚实可信,不想敲人竹杠,所以也并不奢望能发大财,做大富翁。

"此外，我还是县里的人民代表，为县里的工业发展尽过微薄的力量。

"有时，我被称为老板，有时又被称为人民代表，但我还是喜欢别人称呼我的名字，我希望自己的为人能永远做到像我名字一样，尽管在县我是个既不懂卡拉OK、激光舞厅，也不懂女人风情的乡下种田人，但仍希望和各位成为好朋友。"

这是一个比较活泼、不死板的自我介绍，给人留下的印象很难忘，介绍者赋予了它很多的色彩，让对方听起来觉得很有趣。这样陌生感顿时就消除了一大半。

总之，自我介绍是有很大发挥余地的，我们应该想方设法把它丰富起来，不要放过这样一个吸引人注意的机会。

● 提高对方的情绪

在某些沉闷的环境里，很多人不愿意开口跟陌生人说一句话，那是出于一种防御和自尊心理，在这种时候，你应该学会如何去激起说话对象的某种情绪，让他慢慢开始滔滔不绝。

设想你正在乘着火车，你已坐了很久了，而前面还有很长的一段路程。你想与他人讲讲话，这是人类的群体性在和你作祟，而你要尽力使你的谈话里显得有趣和富有刺激性。

坐在你旁边的一位像是一个颇有趣的家伙，而你颇想能知道他的底细，于是你便搭讪道："对不起，你有火柴吗？"

可是他一句话也不讲，只是点点头，从口袋里掏出了一盒火柴递给你。你点了一支烟，在还给他火柴时说了声"谢谢"，他又点了点头，然后把火柴放进了口袋里。

你继续说："真是一条又长又讨厌的旅程，你是否也有这种感觉？""是的，真讨厌。"他开始同意你的意见，而且语调中包含着不耐烦的意味。"若看看一路上的稻田，倒会使人高兴起来。在一两个月稻谷收获之前，那一定更有趣。"

"唔，唔！"他含糊地答应着。

　　这时你再也没有勇气说下去了。你在农业这个方面，给他一个表现兴趣的机会，他若是个农夫，那么他一定会接下来发表一番他的看法的。

　　假若他对一个话题富有兴趣，那么无论他是如何沉默的一个人，他也会发表一些言论的。因此你在谈话的停滞之中，思考了一番后，又重新开始了。

　　"天气真好，爽快极了！"你说："真是理想的赛球时节。今年秋季有好几个大学的球队表现都很出色呢！"

　　那位坐在你身旁的乘客坐直起来了，他的目光也开始注意起你来了。

　　"你看理工大学球队怎么样？"他问。

　　你回答："理工大学队很好，虽然有几个老将已经离队，然而几位新人都很不错。"

　　"你曾听到过一个叫李刚的队员吗？"他急着问。

　　你的确听说过这个球员，你猛然发现此人和李刚长得很像，立刻毫无疑问地判断李刚定是此人之子。于是你说："他是一个强壮有力、有技巧，而且品行很好的青年。理工大学队如果少了这位球员，恐怕实力将会大减。但是李刚快要毕业了，以后这个队如何还很难说。"

　　听了你这样一番话，这位乘客保准兴高采烈地滔滔不绝地谈了起来。可见，你激发了他说话的情绪，情绪一上来，就很难控制，于是接下来的旅程你就会觉得很短暂了。

　　有些和陌生人谈话的场合是不可避免的，那种紧张压抑的气氛会抑制大家说话的勇气。这时，必须想办法挑起一种快乐的情绪，让所有人都参与到交谈当中来。

　　1984 年 5 月，美国总统里根访问上海复旦大学。在一间大教室里，里根总统面对数百位初次见面的复旦学生，他的开场白是这样说的：

　　"其实，我和你们学校有着密切的关系。你们的谢希德校长同我的夫人南希，都是美国史密斯学院的校友。照此看来，我和在座各位自然也就都是朋友了！"

　　此话一出，全场鼓掌。短短的两句话，就使几百位黑头发黄皮肤的中国学生把这位碧眼高鼻的洋总统当作了十分亲近的朋友。接下去的交谈自然十分热烈，气氛极为融洽。里根总统能在如此短的时间内打动如此多的陌生人，拉近心理上的距离，靠的就是他紧紧抓住了彼此之间还算亲近的关系。

一般来说，对一个素不相识的人，只要事前作一番认真的调查研究，你往往都可以找到或明或暗，或近或远的亲友关系。而当你在见面时及时拉上这层关系，就能一下子缩短心理距离，使对方产生亲近感。从而打破那种凝重、紧凑的空间感，激活对方说话的心态。

当你遇见一个沉默寡言的陌生人时，他所表现出的沉默寡言并不是不愿说话，而是需要你引导他们去说话，这种时候你就要好好想一个话题去激发他的情绪。

● 谦和的态度能消除距离感

第一次见面时，用三言两语恰到好处地表达你对对方的友好情意，或肯定其成就，或赞扬其品质，就会顷刻间暖其心田，感其肺腑；就会使对方油然而生一见如故、欣逢知己之感。初次见面时交谈达到这种程度会为日后的深入交往做好铺垫。跟从未见过面者电话交谈时适当地表情达意同样能使对方感动不已。

美国爱荷华州的文波特市，有一个极具人情味的服务项目——全天候电话聊天。每个月有近 200 名孤单寂寞者使用这个电话。主持这个电话的专家们都能用一种谦和的态度，很快消除同别人的距离感，他们最得人心的是第一句话："今天我也和你一样感到孤独、寂寞、凄凉。"这句话表达的是对孤单寂寞者的充分理解之情，因而产生了强烈的共鸣作用，难怪许多人听后都掏出知心话向主持人倾诉。

很多时候，当你的意见与对方出现分歧时，你也许很想打断他。不要那样做，那样做很危险。当他有许多话急着要说的时候，他不会理你的。因此，你要耐心地听着，抱着一种开阔的心胸，诚恳地鼓励他充分地说出自己的看法。

唐太宗李世民曾以诚恳地诱导他人说出自己的看法著称。

宰相魏征在当时是朝野上下都敬佩的官吏。满朝文武既敬佩他的博学多才，又敬佩他的直言进谏，他因此一时名噪朝野。然而唐太宗却不相信，总想找机会试探魏征，有一次，魏征进谏，太宗问道："魏爱卿，你是忠臣还是良臣？"

魏征就深深地低着头说："老臣一向为国鞠躬尽瘁，往后当然也会坚守岗位，不负陛下所托。但，请陛下不要把老臣视为忠臣，就当作是良臣吧！"

于是，唐太宗便问道："忠臣与良臣有何不同呢？"

"自然有所不同。所谓良臣非但其本身可受世人称赞，而且也可以为君主带来名君的隆誉，双方都一样可以世世代代繁荣下去。但忠臣非但自己会遭受诛杀的横祸，而且君主也会背上暴虐无道的罪名，国家也会灭亡，最后也许只留下'曾经有位忠臣'的名声流传后代。由此可见，良臣与忠臣有如天地之别呢！"唐太宗听后深感佩服，从此不再对魏征有不良看法了。

比如说如果你从事推销工作，那么被别人拒绝就是在所难免的了。很多时候，对方拒绝你并不是因为不想买你的产品，而是因为与你有距离感，这种时候你就非常有必要想办法用一种比较谦和的态度来消除与对方的距离感。实际上，只要你用谦和的态度，以话语诱导陌生人，你要办的事情往往会柳暗花明，甚至在你毫无思想准备的情况下骤然成功。

● 多让对方谈自己的事

有很多人或许有这样一种偏见，那就是只有在社交场合才需要聆听别人说话的技巧。其实在与别人第一次见面的时候也应该让对方多谈谈自己的事情，而自己要仔细聆听。某位经营评论家曾经说过："愈是伟大的人，愈会提供别人说话的机会；愈是卑微的人，愈会积极争取说服别人的机会。"

办事高手总是专心倾听，而能力平庸的人总是专心于说。

所以，请你务必谨记下面这些现象：许多高阶层领导人不论在任何场所，都会用更多的时候征求别人的意见，而用较少的时间提供给别人意见。这些人在下决定时，总不忘记问别人："你认为如何呢"，"你要提供我什么意见呢"，"在这样的情况下，你会如何解决呢"。

我们也可以换个方式这么说，这些领导人就像是别人的一部机器，帮助别人做决定的机器。为了生产"决定"，他必须获取"原料"，而可以作为创造"决定"的"原料"，就是别人的构想或提案。但是，如果你因此而认为这些领导人是在期待别人提供他一个已经完成的决策，那就错了。

我们希望你向别人征求意见，是希望你聆听别人意见，因为别人的意见往往是引发你创造性构想的导火线。

你的耳朵就是身体吸收知识的利器，它可以随时提供你创造决定性构思的"原料"。

所以，为了要从聆听别人说话来强化你的创造力，你可以按照下面的几个建议做：

1．尽量让别人有说话机会

即使是一对一的个别谈话也应如此，你可以向对方说："让我听听你的经验。"

"关于这个问题，你有什么意见？"

用这样的方式引发对方的思考，创造他说话的机会。而且，你也可能会因为让他有了说话的机会，而引发他对你的好感。

2．用提出问题的方式补充你的意见

别人的意见可以帮助你把可能有缺漏的意见补充得更周详、更完整。所以你可以问对方："关于我的看法，你有什么意见？"

对于任何事情你都不应该过分武断，而聆听别人意见是避免你陷于武断的最好方法。

3．集中精神聆听别人的谈话

所谓聆听别人说话并非只是自己不开口，而是不仅要能张开其耳朵听话，也要能启开心灵听话。也就是说，除了要集中精神聆听之外，也要在心里给予评价，这是你能够真正办好事情的不二法门。

第二节 紧紧抓住爱人的心

● 名人告诉你：爱要怎么说出口

泰戈尔说：在玫瑰花充裕的光阴里，爱情是酒；在花瓣凋谢的时候，爱情是饥饿时的粮食。人生不能没有爱情。

那么，当你爱上一个人的时候，应该怎样说出"我爱你"呢？

著名作家老舍33岁时，饱经沧桑的他就已形成了一种内向含蓄的性格。一天，他童年的伙伴，语言学家罗常培邀他去吃饭。一个穿着中式短褂、黑色长裙、留着齐耳短发的姑娘同桌就餐。饭后，罗常培对老舍说："我看你岁数越大脾气越怪，不成家，我们不跟你交朋友了。""什么没有都行，就是不能没有朋友。没朋友我就活不了。"老舍急忙回答。罗常培笑了，答应为他介绍一位女朋友。第二次、第三次，老舍又被罗常培邀去吃饭，每次，都会遇到那位姑娘。三顿饭吃过后，一封笔力道劲的信送到了姑娘手中："我们要想见面，不能靠着吃朋友，你有笔，我有笔，咱们互相来谈心吧！"这位有着独立自强精神的新女性，后来成为老舍的夫人。

新凤霞向吴祖光求婚，先是采取暗示，没有奏效，就直接表明了心迹。新中国成立后不久他们开始交往，感情日益深厚，新凤霞十分敬仰吴祖光的为人，希望能和他共同生活一辈子。有一次，他们在一起，新凤霞说："我演的《刘巧儿》这出戏,您看了吧?"吴祖光说:"看过,真好。"新凤霞说:"前门大街的商家,到处都在放巧儿唱的'因此我偷偷地就爱上了他……这一回我可要自己找婆家……'"但是吴祖光为人很单纯,一点也不懂她的意思,竟说:"配合宣传婚姻法,这出戏最受欢迎。"新凤霞想:不能失掉这次谈话的机会,应当使他明白自己的意思。于是,她鼓足勇气对吴祖光说:"我想跟你……说句话……"吴祖光说:"说吧!"新凤霞说:"我想跟你结婚,你愿意不愿意?"吴祖光对此没有一点精神准备,他站了起来停了一会儿说:"我得考虑考虑。"这下子可伤了新凤霞的自尊心,她自言自语地说:"我真没有想到,这像一盆冷水从心头上倒下来呀!"吴祖光说:"我得对你一生负责呀!"后来,两人结为百年之好。

很多人求爱都采取投石问路探虚实的方式,因为每个人都会害怕遭到拒绝。梁实秋求爱就是用了一个双关语对韩菁清进行了成功的试探。

梁实秋垂暮之年花开二度,爱上了比他小30岁的韩菁清。一天他们在台北梅园餐厅共餐。梁实秋点了"当归蒸鳗鱼",韩小姐关切地说:"当归味苦啊!"梁先生若有所思地说:"我这是自讨苦吃。"韩小姐笑道:"那我就是自投罗网!"两人相视哈哈大笑,心有灵犀一点通。

如果害怕拒绝,但又心情躁动不安,急切盼望对方知道自己的心意,那就借鉴陀思妥耶夫斯基的方法,实话虚说,借机抒情。

1866年,对陀思妥耶夫斯基是具有重要意义的一年。妻子玛丽亚和他的哥哥相继病逝。为了还债,他为出版商赶写小说《赌徒》,请了速记员,她叫安娜·格利戈里耶夫娜,一个年仅20岁,性情异常善良和聪明活泼的少女。

安娜非常崇拜陀思妥耶夫斯基,工作认真,一丝不苟。书稿《赌徒》完成后,作家已经爱上了他的速记员,但不知道安娜是否愿意做他的妻子,便把安娜请到他的工作室,对安娜说:"我又在构思一部小说。""是一部有趣的小说吗?"她问。"是的。只是小说的结尾部分还没有安排好,一个年轻姑娘的心理活动我把握不住,现在只有求助于你了。"他见安娜在谛听,继续说:"小说的主人公是个艺术家,已经不年轻了……"

安娜忍不住打断他的话："你干什么折磨你的主人公呢？""看来你好像同情他？"作家问安娜。

"我非常同情，他有一颗善良的心，充满爱的心。他遭受不幸，依然渴望爱情，热切期望获得幸福。"安娜有些激动。陀思妥耶夫斯基接着说："用作者的话说，主人公遇到的姑娘，温柔、聪明、善良，通达人情，算不上美人，但也相当不错。我很喜欢她。"

"但很难结合，因为两人性格、年龄悬殊。年轻的姑娘会爱上艺术家吗？这是不是心理上的失真？我请你帮忙，听听你的意见。"作家征求安娜的意见。

"怎么不可能！如果两人情投意合，她为什么不能爱艺术家？难道只有相貌和财富才值得去爱吗？只要她真正爱他，她就是幸福的人，而且永远不会后悔。"

"你真的相信，她会爱他？而且爱一辈子？"作家有些激动，又有点犹豫不决，声音颤抖着，显得既窘迫又痛苦。

安娜怔住了，终于明白他们不仅仅是在谈文学，而且是在构思一个爱情绝唱的序曲。安娜小姐的真实心理正如她自己所言，她非常同情主人公，即作家陀思妥耶夫斯基的遭遇，且从内心里爱慕这位伟大的作家，如果模棱两可地回答作家的话，对他的自尊和高傲将是可怕的打击。于是安娜激动地告诉作家："我将回答，我爱你，并且，会爱一辈子。"

后来，作家同安娜结为伉俪。

在对对方心意非常不确定的情况下，采用实话虚说的技巧，既能摸清对方的心思，又能避免遭到拒绝时的尴尬，这不失为一个妙方。

当然也有那种开门见山、直抒胸臆的求爱方式，有时这样直接的方式能给对方留下坦率、真诚的印象，最终获得芳心。

列宁在伏尔加河畔认识了克鲁普斯卡娅，在随后的交往中，逐渐爱上了她。但由于革命工作繁忙，列宁只好把爱情深深埋藏在心里。当列宁被流放到西伯利亚后，他抑制不住相思之苦，给克鲁普斯卡娅写了封信，第一次向她表达了自己的爱情。信的末尾是这样写的：

"请你做我的妻子吧！"

面对列宁的直接表白的求婚方式，克鲁普斯卡娅勇敢地闯进了严寒的西伯利亚，和列宁走到了一起。

但是需要强调的是像列宁这样大胆坦白地表达自己的爱意，甚至一步到位的求婚方式，想在现实生活中运用的话，至少需要几个条件：首先，你必须确知对方的心里也有你。其次，你得知道对方的性格能接受你这样的坦白。否则的话，容易给对方留下鲁莽冒失的印象，甚至吓着对方。

现实生活中，如果你爱某个人而苦于说不出口时，不妨借鉴一下这些名人的求爱方式，结果一定会让你惊喜的。

● 提出约会有方法

初次接触后，想要和女孩子约会，并不是一件很容易的事，因为大多数女孩都会出于害羞和矜持而拒绝邀请，而男生也会因为害怕被拒绝，颜面扫地，通常不肯死皮赖脸地主动去邀请。其实恰恰相反，只要男生主动一些，在言语上略施小计，与女孩约会并非难事。

不管一个女人的内心多么软弱，她也不会表露在外，而且"谨慎"、"谦恭"、"有风度"是妇女传统美德和本能表现。换句话说，在女性的心中，如要应付男人的诱惑、邀约等，与其不停地去思索，还不如以社会大众的习惯来顺从。

所以，当你要去邀请她时，不要用商量的口气问她"愿不愿意……"之类的话，而最好武断地说："咱们一道去吧……"

虽然女人也有不愿意与你同行的时候，但是，如果她想说"不"的话，则多少会给她造成心理负担，使她对你有一种歉疚感。

然而，你如果用"愿意不愿意……"这种问法，乍看起来好像非常"绅士"，但事实上却给了对方说"好"或"不"的两种机会。不用多说，责任上的分担，都推给了对方，而女人又不习惯于承担任何责任，所以警戒心高的女人，为了不节外生枝，干脆就摇头对你说"不"了。

"愿意不愿意……""要不要……"这种尊重的言辞，被接受的可能性实在太小了，你可能也有这种经验吧。

相反的，如果你用单刀直入的问法："咱们去吧……"那就大不一样了。

如果能在你的言辞中加入更多的肯定语气，勾勒出更多的美好画面，那对方肯定会怦然心动，最终答应你的恳求。

下面这一段，是一位小伙子煞费苦心地劝说女朋友答应他的邀约的对话：

"你今天真漂亮，晚上6点钟我们出去吃顿饭，聊聊天，好吗？"

"不行。"

"我们应该彼此多了解一点。就在6点钟好了，到时我来接你。"

"不行。"

"说不定我们可以遇到一个我们喜欢的人，或是一件有趣的事呢！就今晚6点钟吧！"

"不行。"

"6点钟见面以后，我们可以吃顿饭，看场电影，然后到咖啡厅去坐坐，我们会有一个非常美妙的夜晚，还是去吧！"

"是吗？"

"我发觉我越来越喜欢你，今天晚上一定要见到你，就6点钟，我来接你。"

"那好吧，就6点钟再见。"

可以看得出来，这个小伙子很聪明，肯定加引诱，在这一段邀请中，他表现出了极大的信心，他确信"会有一个非常美妙的夜晚"，美丽的场景描述已经钻进了女朋友的脑海里，她不得不最后"束手就擒"。

有些男生很会表达自己的细心，关爱，以一种动人、深情的话语说给对方听，对方通常也是很难拒绝的。因为你使她感动不已。比如这篇出自某个大学生之手的邀约情信，款款深情，对方看了不得不答应他的请求。

致：××小姐

在这之前我想先向你道谢，谢谢你借我一双手和我一起抗衡寂寞的冷，打倒寂寞，谢谢你为我剪短思念，照亮黑夜。

哈利波特，是一部很不错的电影，不是吗？主角们受到攻击时，我听见你细声低喊。舞会那一幕，我们都看得很入迷，我恨不得拉着你跳进去和他们一起共舞。主角与巨龙战斗那8分钟，你的呼吸被音乐操控了，我陪你一起紧张。年轻有为的角色死得如此可惜，你的叹息让我的心跳漏了一拍。

回程的时候，车里空气很薄，我的呼吸有点急促。能和你交谈的话题很少，因为我不健谈。我的CD播放很多歌，张栋梁的，杜德伟的，李圣杰的，陶喆的，品冠的，光良的，你只哼过李圣杰的《痴心绝对》。唔，我会记起来。痴心绝对。

我双手握着方向盘，我知道回家的方向，却不知道自己的方向。你总是让我迷惘。空调散出的低温空气是绷紧的气氛，笼罩车子里的两个人。你说Goodbye, GoodNight，把我的快乐辛酸留了下来。我把车子停在原地，才发觉车子里的缺少的气体是勇气。我说再见，因为我想再见。

我想向你道歉，原谅我的不健谈。我决定再邀你看一场电影以示歉意。放心，我会预先选好位子，不会像这次坐在n5和P16的位子。坐在这位子会令到我们的颈很酸，这一家戏院的冷气也特别的冷。唔，好的，下次我会记得带外套。

再次向你道歉，原谅我不够细心，忘了带外套为你御寒，忘了预先选好位子，忘了买好可乐和爆米花给你享用，忘了你的生理时钟不允许你去Wings。一切一切，我都感到深深的歉意。

别担心我，得不到你的原谅，我只是会神不守舍到上课没心听书导致成绩下降、走路撞倒柱子搞到头昏脑涨、忘记吃饭令到我虽生犹死、睡不了觉引起情绪不稳定、驾车不专心撞出一场世界性的创举而已。基本上，死不了，所以你有权利不原谅我。但是，基于基本的礼貌，我觉得我还是得等你原谅，最好请你能给我再一次的弥补机会。

不要害怕太过主动，女生其实恰恰希望你再多敲几次门，多听几次邀请的话。只要做到情真意切，百折不屈，一般女生都是不会拒绝你的邀请的。

第三节 获取上司的青睐

● 真诚地赞美上司

赞美是与上司保持良好沟通技巧的金钥匙，在赞美上司时，要注意他的身份，所以你不能像对待同学朋友那样随意赞美，如果赞美得牵强附会则有奉承恭维之嫌，以至于他未必照单全收，倒还有可能生出反感。赞美上司时，要考虑成熟时再予以赞美。同时，赞美上司要注意方法，要巧妙地赞美，不要让人感到肉麻，有拍马屁之嫌。

1. 赞美上司的责任心

上司是负责之人，大多都有一定的责任心。他们会承担一些工作的责任，勇于挑担子、负责任的领导是最有魅力的。因为下属在工作中需要一个成长的过程，可能会出现一些失误，那么，作为一名优秀的领导则应鼓励职员勇于创新大胆开拓，有了差错，可以为他承担一些责任。领导为职员挑担子是很值得赞美的话题。

小柴是一家建筑公司的技术人员，由于材料运用方面的判断失误，给公司带来了近5万元的经济损失。他的项目经理表示是他没有把好关，并表扬小柴已拿出了相应的对策。小柴对此特别感激，"有你这样敢于挑担子的领导，同事们也就干得有劲头了。"其项目经理听到小柴的由衷赞美之后，自然感到很满足，其责任心得到了下属的承认。

2. 赞美上司的决策能力

《生死抉择》是一部反腐倡廉的轰动性电影，李高成副市长面对亲人、同事、老领导等复杂的人际关系，他难以"大义灭亲"，又无法麻木不仁地任其腐败，在这生死攸关的抉择里，他终于做出了勇敢、果断的抉择：将反腐败坚持到底。他遇到了来自各个方面的压力、责备及误会，但他还是艰难地挺过去了。他获得人们的赞美和肯定——一位真正的好市长果断地进行决策，的确是需要勇气、胆识和才能的，对于上司的这种素质，可以带着佩服之情去赞美。

3. 赞美上司的才能

每位上司都希望自己的能力能在工作中显现出来，并且能让下属感觉到。因此，当你赞美上司的才能时，他会为自己所具备的才能得到别人称赞而高兴。

一位女士在局图书馆担任管理员已好几年了，但她的兴趣和才能主要在组织管理方面。局里的一次大型活动中，由于缺人手，临时借调了她，她干得风风火火，井井有条。领导将她调到办公室担任主任助理。她特别喜欢这项工作，干得很开心，工作也很有成绩。她特地向领导表示感谢，并赞其为知人善用的伯乐，以至于很多同事都干得特别痛快。

4. 赞美上司的成就

成就感是上司最为注重的东西。夸奖上司的成就，就是将其成就很好地表述出来，让他获得强烈的心理满足。

成交上千万元的买卖是一种成就，办理几十元的小生意也是一种成就，成就原本就无定论。如果你的上司做的事情不是很大，公司发展较为缓慢，那么，你可以强调从无到有是很不错了（如果他是创业者）；或者对他说：现在的国企已倒闭了不少，生意已挺难做了，能维持的公司已算是经营有方了。你的上司并不会认为你在刻意地奉承他，而是以为你言之有理，心理颇为平衡，并有一些成就感。

你的上司正好取得了事业上的成功，那么，你就由衷地去赞美——你

为他的成功而自豪。他那最闪亮的一刻是他自我价值得到最大张扬的一刻，你可以淋漓尽致地赞美其事，并表达你的崇拜。无论如何，上司都无法拒绝别人的崇拜。崇拜将使上司的成就感更为强烈，并深感自己价值的存在。

赞美上司成就感时，可表达关心。成就是需要辛勤劳动的，身心会很累很累，那么这种关心会让人心醉。你不妨对上司说："周总，听说我们公司又兼并了一家公司，你真有能耐。不过，你别太操心，多保重身体……""刘经理，我们公司的股票已上市了，大家都挺高兴的，说你特'神奇'。只是，你又瘦了一些，还需多补一补身体，也要忙里偷闲歇一歇。你是大家的支柱。"关心的话语，会使上司深深地感到自己的成就已得到了大家的共享，也因此而更得意。

赞美领导的成就时，还可表示你的信赖。比如："郑总，大伙儿私下里都在夸你的成就，有你这样的带头人我们前途会很美好的……"

5. 赞美上司的仁爱之心

上司最大的力量并不是手中的权力，而是富有仁爱之心。有了仁爱之心，员工会心甘情愿地为他效力；有了仁爱之心，他将赢得很多优秀人才。赞美上司的仁爱之心是很容易获得认同的。

拿破仑也经常问候下属的生日，关心他们的健康……只要你多加留意是不难发现上司的仁爱之举的。如果，你所了解的是他对别的同事的仁爱之举，你就用真诚的语调，赞赏的表情，叙述其仁爱之处。如果上司对你关爱有加，你可以用感激之心，生动而细致地进行赞美。你的感激会使上司很受用，你的赞美则使上司更加垂青于你。

6. 赞美上司的贤明大气

身为上司都愿意表现贤明大气的形象。贤明大气是一种风度和素养。事实上，不少上司难免会有小家子气，有些俗气、狭隘，所以贤明大气成为难得的闪光处。

赞美上司贤明大气是没有领导会拒绝的。当然，称赞这些特点时，最好要以事实为根据，显得颇为有力度。

上司总会有其贤明之处的，哪怕是一件微小之事上，你都可赞美。如果他没有什么贤明之举，那么他的业绩也可归其为贤明之缘故，赞美，有时也是一种暗示。即使是奸诈之人，也会因为"贤明"之桂冠而显得有几分通情达理。

你的上司在公司的大是大非面前是否有贤明大气的表现？在对待员工的前途、生活方面是否有贤明大气之处？在与别人合作时是否有贤明大气的地方……总之，用心捕捉是不难发现的。

● 上司面前不要抱怨

在工作中，你总是非常出色地完成了工作，总是赞叹自己如同诸葛孔明般聪明，总是讥笑那些长着"榆木脑袋"的同事……

于是，你看什么都不顺眼，总是觉得自己出类拔萃，总是满怀欣喜地盼望着评优、加薪、升迁，可为何总是眼睁睁地干看着，好事偏偏离你那么遥远？

回头好好想一想，自己平时是怎么和上司说话的？是不是经常口无遮拦地诉说自己的成功，贬低同事呢？是不是信口开河、滔滔不绝地对周围的人抱怨呢？

其实，这些偏激的语言都逃不开上司的眼睛！他们嘴上虽然不说，心里其实已经在开始为你打分了，为了你的前途，你还是改变一下自己的说话风格，把抱怨收起来吧！